Horst H. Siewert

Die 100 wichtigsten Fragen im Vorstellungsgespräch

Horst H. Siewert

Die 100 wichtigsten Fragen im Vorstellungsgespräch

Kompetente Antworten, die überzeugen

mvg

Die Deutsche Bibliothek – CIP-Einheitsaufnahme

Siewert, Horst H.:
Die 100 wichtigsten Fragen im Vorstellungsgespräch: Kompetente Antworten, die überzeugen /Horst H. Siewert. – 3. Auflage – Landsberg am Lech: mvg,. 2000
ISBN 3-478-74140-8

3. Auflage 2000

Erstmals erschienen 1997 unter ISBN 3-478-71860-0

Umschlaggestaltung: Grafikhaus München
Umschlagabbildung: VCL/Bavaria
Satz: Wolfgang Appun, München
Druck- und Bindearbeiten: Himmer GmbH, Augsburg
Printed in Germany 074140/300402
ISBN 3-478-74140-8

Inhalt

Anmerkung

Um das Arbeiten mit diesem Buch für Sie möglichst einfach und effizient zu gestalten, haben wir wichtige Textpassagen mit folgenden Icons gekennzeichnet:

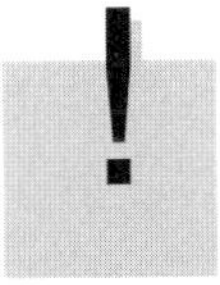

Achtung, wichtig!

Beispiel

Aufgabe, Übung

Tipp

Das sollten Sie auf jeden Fall vermeiden

Zudem finden Sie am Ende jeden Kapitels eine Zusammenfassung, die die wichtigsten Inhalte nochmals in komprimierter Form darstellt sowie zusätzliche Informationen bietet.

Ihre Meinung ist uns wichtig!

Bei Anregungen, Fragen und Kritik erreichen Sie uns unter folgender Adresse:

mvg-verlag
Lektorat
86895 Landsberg am Lech

oder im Internet unter: http://www.mvg-verlag.de

Vorwort

Seit dem Erscheinen meines Buches „Bewerben wie ein Profi“ sind mehr als 15 Jahre vergangen. Immer noch wird dieses Buch bestens verkauft. Das deutet darauf hin, dass das Interesse im Bereich Bewerbung ungebrochen anhält und vermutlich, bedingt durch die Wirtschaftslage, noch ansteigen wird.
In diesem Buch möchte ich auf einen ganz besonderen Aspekt der „Bewerbungsprozedur“ eingehen, nämlich auf das Vorstellungsgespräch im Allgemeinen und auf die Fragen und Antworten, die als Informationen zwischen Interviewern und Bewerbern ausgetauscht werden im Besonderen.
Glauben Sie, dass die Fragestellungen in Vorstellungsgesprächen zufällig sind? Weit gefehlt! Die meisten Fragen sind auf zuvor festgelegte Ziele abgestimmt und haben einen ganz speziellen, tieferen Sinn.
In der Situation des Vorstellungsgesprächs sollen Bewerber genau getestet werden. Dabei wird vom Ergebnis nicht nur eine Charakter-, Leistungs- und Verhaltensbeurteilung erwartet, sondern auch eine mögliche Stellung des Bewerbers innerhalb des Organisations- und Führungsschemas des Betriebs sondiert.
Um im Vorstellungsgespräch die individuelle Eignung zuverlässig herausfinden und beurteilen zu können sowie einen potenziellen Mitarbeiter in ein bereits im Unternehmen bestehendes Team einzugliedern, benötigt man betriebswirtschaftliches und organisationspsychologisches Fingerspitzengefühl. Dem Bewerber selbst bleiben diese Gesichtspunkte in der Regel verborgen.
Der erste Teil des Buches befasst sich daher weitgehend mit den zuvor schon genannten Gesichtspunkten. Betriebliche und psychologische Fragen werden dann angeschnitten, wenn sie für Sie wichtig sind.

Die Grundlagen der Bewertung eines Bewerbungs- und Vorstellungsgesprächs werden dann angesprochen, wenn es offensichtlich ist, dass die Ziele der Interviewer unter diesen Gesichtspunkten die Methoden der Fragestellung bestimmen.
Für die Bewertung im Vorstellungsgespräch sollen Fakten herangezogen werden, aus denen erkenntlich wird, ob ein Bewerber (damit ist natürlich gleichzeitig – auch später im Text – die Bewerberin gemeint) die erwartete Leistung für den Betrieb erbringen kann oder nicht.
Dieses Buch soll dem Leser nicht nur allgemeine Hinweise, sondern auch eine Vielzahl von wichtigen Tipps zur Beantwortung von Fragen im Bewerbungsgespräch geben. Aber auch Anregungen für einen optimalen Gesprächsverlauf sowie für eigene Fragen an das Unternehmen finden Sie in diesem Buch.

Darstellung der grundlegenden Frage- und Antworttechniken

Das vorliegende Buch soll interessierten Bewerbern die Möglichkeit geben, sich grundlegend über das Vorstellungsgespräch zu in formieren. Es bietet einen umfassenden Überblick über die Voraussetzungen für eine erfolgreiche Bewerbung und zeigt die Folgen des Verhaltens im Bewerbungsgespräch auf.
Auf Grund der oft komplizierten Gesetzgebung kann dieser Ratgeber natürlich nicht im Einzelfall strittige Fragen klären, die während eines Gesprächs entstehen können. Vielmehr sollte im Falle eines begründeten Streitpunkts ein Rechtsanwalt hinzugezogen werden.
Es ist Absicht der nachfolgenden Ausführungen, Sie in die Lage zu versetzen, sich bestens auf das Vorstellungsgespräch vorzubereiten. Durch ein gezieltes Training meistern Sie jede Situation. Sie

müssen sich natürlich bestmöglich über Ihren potenziellen neuen Arbeitgeber informieren. Alle Aspekte Ihres neuen Jobs werden ausreichend und angemessen besprochen. Aber auch noch nicht Betroffene spricht dieses Buch an. Es ist immer von Vorteil, das System der Bewerbungspraktiken zu kennen, auch für diejenigen, die sich im Augenblick noch nicht auf der Suche nach einer Stelle befinden.

So ist dieses Buch aufgebaut

Der Aufbau des Buches, wie er aus dem Inhaltsverzeichnis erkennbar ist, ergibt sich aus den verschiedenen Phasen des Vorstellungsverfahrens: die Vorbereitung und die Durchführung des Gesprächs in mehreren Stufen. Innerhalb der benannten Abschnitte sind häufige, typische Fragen und Antworten unter der Überschrift „Gesprächsinhalte" erfasst – so wie sie voraussichtlich in der entsprechenden Phase ablaufen.
Ich habe mich bemüht, in jedem Kapitel die Fragen zu beantworten, die in der Praxis in den Betrieben am häufigsten gestellt werden. Hierdurch ergeben sich Schwerpunkte, in Bezug auf Gesprächseinstieg, Selbstdarstellung des Betriebs, Eigenpräsentation, Teamfähigkeit, Persönlichkeitsvariablen, Arbeitsvertrag und Gehaltsfindung.
Für den Fall, dass weitere Beratungen erforderlich sein sollten, muss auf die Hilfe eines Bewerbungs- oder Karriereberaters verwiesen werden.
Ich wünsche Ihnen viel Erfolg bei Ihrem nächsten Vorstellungsgespräch.

Dr. Horst H. Siewert

1 Einleitung

„Warum wollen Sie unbedingt bei uns arbeiten?“, lautet die häufigste Frage im Vorstellungsgespräch. Die Antwort sollte Ihnen flüssig über die Lippen kommen und plausibel klingen. Wer hier lange überlegen muss, hat schon von vornherein schlechte Karten.

Vorstellungsgespräche – sind sie heute noch wichtig?

Dieses Buch beschäftigt sich mit dem Frage- und Antwortverhalten von Bewerbern und Interviewern im Bewerbungsgespräch. Es geht um bestimmte Fragestellungen, die Ihnen im Vorstellungsgespräch helfen sollen, die richtigen Antworten zu finden. Manchmal sind die Antworten vorgegeben. Sie müssen sie jedoch an Ihre eigene Situation anpassen. Ansonsten sind Hinweise für eine mögliche Antwort genannt.

Fragestellungen zum Bewerbungsgespräch

Warum wird gerade diese oder jene Frage im Vorstellungsgespräch gestellt?

→ Worauf wollen die Interviewer hinaus?
→ Wie kann ich bestimmte Fragen am besten beantworten?
→ Gibt es eine allgemeine Antwortstrategie?

→ Muss ich immer antworten?
→ Wie kann man bestimmte Fragen vermeiden? Etc.

Wenn man sich fragt, welchen Stellenwert die Beantwortung der Fragen im Vorstellungsgespräch hat, dann kommt man unweigerlich zu der Überzeugung, dass das Vorstellungsgespräch als letzter und entscheidender Faktor bei der Bewerberauswahl das Zünglein an der Waage spielt. Das Vorstellungsgespräch ist meist die letzte Instanz, bei der die endgültige Entscheidung für oder gegen einen Kandidaten getroffen wird.
Ein positiver Verlauf des Gesprächs entscheidet darüber, ob der Bewerber einen Arbeitsvertrag oder eine Absage erhält.

Bewerbungsunterlagen

Das Gesamtwerk der Bewerbung besteht aus verschiedenen, genau abgegrenzten Stufen, wovon die erste die schriftliche Bewerbung ist. Zu einer aussagefähigen Bewerbung gehören folgende Unterlagen:

Bewerbungsunterlagen

→ Anschreiben
→ Lebenslauf
→ Zeugnisse
→ Lichtbild

Das Anschreiben

Das Anschreiben sollte nicht mehr als eine DIN-A4-Seite, maximal eineinhalb Seiten umfassen und kurz und prägnant begrün-

den, warum Sie sich um die Stelle bewerben. Sie sollten deshalb die Stellenausschreibung nochmals sorgfältig lesen und die genannten Anforderungen mit Ihrem eigenen Qualifikationsprofil vergleichen.
Im Anschreiben geht es darum, klar und eindeutig zu erläutern, warum man sich gerade auf diese Position bewirbt und warum man sich für besonders geeignet für die Stelle hält. Lediglich Interesse an einer Stelle oder einer Firma zu bekunden reicht nicht für eine Erfolg versprechende Bewerbung aus.
Sie sollten auf einen guten und flüssigen Stil achten und keine übertriebenen Floskeln aus dem Managementbereich wählen. Vor Formulierungen wie „analytisch versiert", „unternehmerisch denkend" oder „extrem dynamisch" kann nur gewarnt werden.
Ebenso gefährlich sind Bewerbungsanschreiben, die aus einem Bewerbungsratgeber abgeschrieben wurden. Diese Bücher können nur Anregungen geben und bieten bestenfalls eine Hilfe für die Formulierung einer eigenen Bewerbung.
Der Personalchef erkennt eine solche Quelle leicht, und das bedeutet für Sie schnell ein vorzeitiges Ausscheiden aus dem Rennen um die begehrte Position.

Vermeiden Sie Standardformulierungen

Eine weitere Gefahr sind allgemein formulierte Standardaussagen, die wirken, als hätten Sie bloß die Textbausteine einer Bewerbungs-Software aneinander gefügt. Wenn dann Ihr Profil nicht exakt dem der Stellenausschreibung entspricht, entsteht schnell der Eindruck, dass Sie die Stellenanzeige gar nicht richtig gelesen haben.

Begründen Sie abweichende Voraussetzungen

Wenn die Voraussetzungen, die Sie mitbringen, von den Anforderungen abweichen, die der Arbeitgeber in der Stellenanzeige nennt, dann sollten Sie in Ihrem Schreiben besonders auf diesen Punkt eingehen. Abweichungen könnten zum Beispiel fehlende Berufspraxis, überlange Studiendauer, Überalterung, falsche Fremdsprache etc. sein. Begründen Sie die Abweichung und machen Sie deutlich, warum Sie sich trotzdem bewerben.

Erwähnen Sie Gehaltsvorstellungen nur, wenn es ausdrücklich verlangt wird

Das künftige Gehalt sollte im Anschreiben nur dann erwähnt werden, wenn es in der Stellenausschreibung ausdrücklich verlangt wird. Als Berufsanfänger müssen Sie Ihre Gehaltsvorstellungen nicht nennen. Sie sollten aber den frühestmöglichen Eintrittstermin angeben. Außerdem sollte das Anschreiben Folgendes enthalten:

!

Anschreiben

→ Die eigene Anschrift
→ Die Telefonnummer
→ Die Faxnummer
→ Das Datum des Anschreibens
→ Die korrekte Bezeichnung und Anschrift des Unternehmens und möglichst den Namen des Ansprechpartners
→ In der Betreffzeile die Positionsbezeichnung, den Namen der Zeitung und das Erscheinungsdatum
→ Als Fußnote: Anlagen mit der korrekten Aufzählung aller beigefügten Unterlagen

Ist in der Firma ein Ansprechpartner benannt, so ist die Bewerbung an ihn zu richten. Ansonsten lautet die korrekte Anrede: „Sehr geehrte Damen und Herren".
Das Anschreiben schließt mit den Worten: „Mit freundlichen Grüßen". Die Unterschrift erfolgt mit vollem Vor- und Zunamen.

Der Lebenslauf

Der Lebenslauf muss lückenlos sein

Der Lebenslauf gibt auf knapp zwei DIN-A4-Seiten den persönlichen, schulischen und beruflichen Werdegang wieder. Er darf keine Lücken aufweisen. Personalsachbearbeiter sind darauf aus, diese Lücken aufzuspüren und im Vorstellungsgespräch ausführlich zu hinterfragen. Heute wird der Lebenslauf nur noch in tabellarischer Form eingereicht. Er wird maschinenschriftlich bzw. heutzutage mit Computer auf weißem Briefpapier erstellt und ist in folgende Abschnitte gegliedert:

Lebenslauf

→ Name, Vorname
→ Anschrift, Telefonnummer, Faxnummer
→ Geburtsdatum
→ Familienstand, Anzahl der Kinder
→ Staatsangehörigkeit
→ Schul- und Berufsausbildung
→ Beruflicher Werdegang
→ Besondere Kenntnisse und Erfahrungen
→ Eventuell Hobbys
→ Unterschrift (ohne Gruß)

Unter der Rubrik Ausbildung sollten Sie zunächst in chronologischer Reihenfolge die besuchten Schulen aufzählen, wobei Sie den Namen der Schule sowie den Ort nennen sollten. Der jeweils erzielte Abschluss ist ebenfalls anzugeben. Der Besuch einer Fach- oder Hochschule muss detailliert aufgeführt werden. Wichtig sind die Studienschwerpunkte, Ort, Zeitpunkt, Studiendauer und die Gesamtnote der Abschlussprüfung. Auch ein Studium im Ausland und die Promotion gehören in den Lebenslauf.
Zur Ausbildung zählt weiterhin die praktische Berufsausbildung, wie Lehre, Praktikum o. Ä. Anzugeben sind die Art und Dauer und das Unternehmen, in dem die Ausbildung oder das Praktikum gemacht wurden.
Die Noten des Facharbeiter- oder Gehilfenbriefs sind anzugeben. Betriebspraktika und Wehrdienst können ebenfalls genannt werden.

Listen Sie Ausbildungsstationen und beruflichen Werdegang chronologisch auf

Die einzelnen Stationen Ihres beruflichen Werdegangs werden chronologisch aufgelistet. Dabei sind der Name der Firma, der Ort sowie die Position bzw. die Art der ausgeübten Tätigkeit und die Dauer der Beschäftigung mit genauer Monatsangabe aufzuführen. Aus diesen Daten sowie den Angaben über eventuelle Vollmachten und Sonderaufgaben kann der Personalsachbearbeiter weitere Schlüsse über Ihre Qualifikationen ziehen. Können oder wollen Sie Ihren derzeitigen Arbeitgeber nicht benennen, weil Sie in „ungekündigter Stellung“ sind, dann sollten Sie eine allgemeine Tätigkeits- und Unternehmensbeschreibung mitschicken.

Als besondere Kenntnisse und Erfahrungen gelten Fremdsprachen, Teilnahmen an Weiterbildungsveranstaltungen, Veröffentlichungen und Auslandsaufenthalte. Auch Ehrenämter und ein Engagement in politischen oder sozialen Bereichen können genannt werden, sofern sie mit dem zukünftigen Aufgabengebiet im Zusammenhang stehen.

Zum handschriftlichen Lebenslauf gehört auch eine computergeschriebene Fassung

Wenn in der Stellenausschreibung ein handschriftlicher Lebenslauf gefordert ist, sollte eine maschinen- oder computergeschriebene Fassung zusätzlich beigelegt werden. Wird eine Handschriftenprobe verlangt, so ist ein Text empfehlenswert, der in einem nahen Zusammenhang mit der Bewerbung steht. Zeugniskopien werden der Bewerbung in einer unbeglaubigten, sauberen und lesbaren Form chronologisch beigefügt. Mit den Zeugnissen soll ein vollständiger Nachweis der bisherigen Ausbildung und beruflichen Tätigkeit geführt werden. Hierzu gehören Abiturzeugnis, Vordiplomzeugnis, Diplomzeugnis und Urkunde, Staatsexamen, Praktikantenzeugnisse, Lehrbescheinigungen und -zeugnisse, der Facharbeiter- oder Gesellenbrief sowie sonstige Arbeitszeugnisse. Bei Ärzten gehören auch die Approbation und bei Volljuristen die Stationszeugnisse dazu. Liegt zum Zeitpunkt einer Bewerbung das Abschlusszeugnis noch nicht vor, so reicht ein vorläufiger Notenspiegel.

Das Foto

Scheuen Sie keine Kosten für ein gutes Foto

Das Foto, das unbedingt zu einem Lebenslauf gehört, sollte ein Farbfoto neueren Datums sein. Es gehört zum ersten Eindruck, den ein Personalchef von Ihnen bekommt. Deshalb darf es keinesfalls ein Automatenfoto sein; besser ist eine professionelle Aufnahme vom Fotografen. Die Kosten für ein gutes Foto sollten Sie nicht scheuen.

Auf der Rückseite des Fotos sollten Sie Name und Anschrift vermerken.

Das Foto wird entweder auf einer separaten Seite, bei einem Format von 10 x 13, oder, im Format eines Passfotos, im oberen rechten Feld des Lebenslaufs angebracht.

Fehler, die Sie vermeiden sollten

Nicht Erfolg versprechend sind folgende „Merkmale“ einer Bewerbung:

Fehler im Bewerbungsschreiben

- → Farbiges Papier
- → Ausbesserungen (mit Tipp-Ex etc.)
- → Tippfehler
- → Nichtbeachtung der DIN-Norm
- → Grammatik- oder Interpunktionsfehler
- → Unübersichtliches Schriftfeld
- → Schlechtes Maschinenschriftbild (altes Farbband etc.)
- → Nadeldrucker beim Computer
- → Schlechte Zeugniskopien (Billigkopien)
- → Urlaubsfotos

Die Optik ist wichtig

Je nach Umfang der Bewerbung sollten Sie ein- oder eineinhalbzeilig schreiben. Wichtig sind die Optik, ein ausreichender Seitenrand sowie eine gute Aufteilung des Textes über die ganze Seite.

So werden die Bewerbungsunterlagen der Reihe nach in einen Bewerbungsordner eingeheftet:

→ Anschreiben (Bewerbungsschreiben)
→ Tabellarischer Lebenslauf mit Lichtbild
→ Schulzeugnisse (Kopien)
→ Arbeitszeugnisse (Kopien)

Die Bewerbungsunterlagen werden in einen Schnellhefter mit oder ohne Klarsichthüllen eingeordnet, wobei die Zeugnisse in chronologischer Reihenfolge abgeheftet werden.

Eine Kopie der Bewerbungsunterlagen und der Stellenausschreibung sollten Sie für Ihre Unterlagen behalten. Außerdem benötigen Sie sie auch für ein eventuelles Vorstellungsgespräch.

Das Vorstellungsgespräch – welche Fragen Sie im Vorfeld stellen sollten

Die Einladung zum Vorstellungsgespräch ist ein erster Erfolg

Erhalten Sie eine Einladung zum Vorstellungsgespräch, so ist der erste Abschnitt der Bewerbung erfolgreich überstanden. Zwar haben Sie die Stelle noch nicht, aber Sie sind in der engeren Wahl und haben eine konkrete Chance.

Das lange Warten und Bangen ist vorerst beendet. Nun beginnt die Vorbereitung auf das Vorstellungsgespräch. Diese Vorbereitung sollte sehr zielgerichtet sein, damit Sie sich beim entscheidenden Gespräch sicher fühlen.

Das Einladungsschreiben können Sie als einen Erfolg in der ersten Runde verbuchen. Nun müssen Sie kurz den Termin schriftlich oder telefonisch bestätigen. Um eine Verschiebung des Termins sollten Sie nur bei wirklich wichtigen Gründen bitten.

Nun geht es in die zweite Runde, die nicht mehr auf dem Papier ausgetragen wird, sondern in der direkten Begegnung: Auge in Auge mit dem Personalchef und dessen „Verbündeten“.
Auch für diese zweite Runde benötigen Sie Informationsmaterial, damit Sie mit einer gewissen Sicherheit ins Gespräch gehen und für alle Fragen gut gerüstet sind. Also heißt es jetzt, sich Informationen zu beschaffen.

!

Informationsmaterial über die Firma

→ Die Unternehmensstruktur der Firma
→ Die Beteiligungen, Zweigniederlassungen, Zweigwerke, Rechtsform und Konzerneinbindung sowie Auslandskontakte
→ Die hergestellten Produkte/Art der Dienstleistung
→ Die Umsätze und die Anzahl der Mitarbeiter
→ Die Geschichte des Unternehmens, Gründungsjahr, Gründer etc.
→ Die Namen der Geschäftsführer, der Vorstandsvorsitzenden, der Ressortchefs und Name des zukünftigen Fachvorgesetzten

Wichtige Informationsquellen

Wo finden Sie nun alle diese Angaben? Quellen sind Geschäftsberichte, Bilanzen, Veröffentlichungen von Verbänden oder Firmenhandbücher, die Sie bei der örtlichen Industrie- und Handelskammer einsehen können. Auch Firmenprospekte oder Artikel in Wirtschaftsmagazinen geben hilfreiche Informationen. Die größten deutschen Unternehmen werden in dem Handbuch von „Hoppenstedt“ aufgeführt und ausführlich vorgestellt.
Weitere nützliche Informationen erhalten Sie inzwischen in den meisten Fällen über das Internet. Fast alle großen Unternehmen haben eine eigene Homepage, mit deren Hilfe Sie wichtige Informationen direkt von Ihrem potenziellen neuen Arbeitgeber erfahren. Mittlerweile sind diese Homepages die besten Lieferanten für Firmeninformationen – angefangen von der Zahl der Mitarbeiter bis hin zu hauseigenen Stellenmärkten. Die Homepage sagt auch bereits einiges über die Firmenphilosophie aus. Nirgendwo sonst

erfahren Sie mehr über die Corporate Identity Ihres Wunschunternehmens.

Umfassende Branchenkenntnisse sind von Vorteil

Nebenbei ist zusätzliches Hintergrundwissen über die Branche immer von Vorteil. So kann die spezifische Branchenentwicklung auch Auswirkungen auf die Geschäftspolitik des betreffenden Unternehmens haben. Sie sollten sich intensiv mit der Firma, ihren wirtschaftlichen Perspektiven sowie mit der Zukunft der gesamten Branche befassen, denn das ist im positiven Falle der Bewerbung auch Ihre Zukunft.

Notieren Sie sich Ihre Fragen

Für die Gesprächsvorbereitung ist es sehr hilfreich, wenn Sie sich Fragen notieren, die für Ihre eigene Entscheidung wichtig sind. Auf diese Weise finden Sie heraus, ob die Stelle tatsächlich der Ausschreibung entspricht und für Sie wirklich eine Verbesserung bedeutet.

Fragen an den Interviewer

→ Wie ist die Abteilung organisiert, in der ich arbeiten werde?
→ Wie sieht mein künftiges Arbeitsgebiet aus?
→ Welche Verantwortungen werde ich zukünftig übernehmen?
→ Welche Befugnisse habe ich bei meiner zukünftigen Arbeit?
→ Wie bin ich zukünftig in die Führungsstruktur des Unternehmens eingebunden?
→ Wie sehen die Arbeitsbedingungen und die Anforderungen des Arbeitsplatzes aus?
→ Welche Form der Personalentwicklung wird im Unternehmen betrieben? Bestehen Aufstiegschancen und wann?
→ Wem bin ich direkt unterstellt, wer ist mir unterstellt und welche Vertretungsregelungen gibt es (Urlaub, Krankheit)?

!

Zum Vorstellungsgespräch sollten Sie unbedingt pünktlich erscheinen. Der Anfahrtsweg und die -dauer sollten vorher geklärt werden. Wenn Sie eine lange Anreise haben, empfiehlt es sich, bereits am Vortag anzureisen, um unnötigen Stress zu vermeiden. Wenn Sie trotz aller Bemühungen den Termin nicht einhalten können, dann sollten Sie sich so schnell wie möglich mit der Firma in Verbindung setzen und die Situation erklären.

Kleiden Sie sich gepflegt und angemessen

Die Kleidung und Erscheinung sollten dem Anlass entsprechend korrekt und gepflegt sowie der Position angemessen sein.
Das Vorstellungsgespräch wird vom Personalleiter, einem Mitarbeiter, dem künftigen Abteilungsleiter oder dem zukünftigen Vorgesetzten geführt. Manchmal nimmt auch ein Psychologe an den Gesprächen teil.
Während die Personalabteilung für Fragen der Arbeitsbedingungen und -verträge zuständig ist, werden Fragen aus dem fachlichen Bereich und zur Position von den Vertretern der Fachabteilung gestellt. Manchmal werden solche Gespräche auch in getrennten Vorstellungen mit den zukünftigen Mitarbeitern geführt.

Das Vorstellungsgespräch ist entscheidend

Das Vorstellungsgespräch ist der erste persönliche Kontakt zwischen dem Unternehmen und dem Bewerber. Es soll wesentlich zur Entscheidungsfindung des Unternehmens beitragen. Die zentrale Frage, die sich die Verantwortlichen stellen, lautet: „Passt der Kandidat zu unserem Unternehmen, in unser Team?" Ihnen als Bewerber werden sich folgende Fragen stellen:

- → Will ich in dieser Firma unter den gegebenen Umständen arbeiten?
- → Passen die Kollegen zu mir?
- → Passe ich in das Umfeld der Firma?
- → Stimmen die Konditionen?

Die Gesprächspartner aus der Industrie erwarten nicht nur detaillierte Aussagen über das fachliche Profil, über die Aus- und Weiterbildung und die bisherigen beruflichen Erfahrungen, sondern möchten auch die sozialen Fähig- und Fertigkeiten des zukünftigen Mitarbeiters kennen lernen. Je höher die Position angesiedelt ist, desto mehr wird auf die Persönlichkeit des Bewerbers geachtet.

Gekünsteltes Verhalten wird schnell durchschaut.

Als Bewerber sollten Sie selbstbewusst auftreten und sich natürlich verhalten, nichts übertreiben und kein Theater spielen. Ein gekünsteltes Verhalten wird nur allzu rasch durchschaut und nur

Berufsschauspieler schaffen es, während des gesamten Gesprächs die gewählte Rolle durchzuhalten.

Auf welche Fragen sollten Sie sich vorbereiten?

Es hilft für die eigene Entscheidung, um einen Organisationsplan und um eine Arbeitsplatzbeschreibung zu bitten. Im Gespräch sollten Sie nicht allzu sehr in die Betriebsinterna einsteigen, sonst werden Sie leicht als zu neugierig eingestuft. Gute Gesprächspunkte sind Unternehmensperspektiven, Marktentwicklung und Branchenfragen.

Wenn beide, also das Unternehmen und auch Sie, das Gefühl haben, dass eine zukünftige Zusammenarbeit ernsthaft in Frage kommt, geht es um die Details des Arbeitsvertrags – also um Konditionen, Gehalt und Nebenleistungen. Das alles wird noch ausführlich besprochen. Von Berufsanfängern wird im Gehaltsbereich meist sehr viel Flexibilität erwartet. Die Einstiegsgehälter von Fachhochschul- und Hochschulabsolventen liegen fast immer im Tarifbereich. Kaum ein Unternehmen hat hier viel Handlungsspielraum. Jedes Gehalt muss sich am Gehaltsgefüge der Firma orientieren. Gegenstand einer Verhandlung könnte jedoch eine Gehaltsverbesserung nach der Probezeit sein.

Zusätzliche Leistungen des Unternehmens

Neben dem monatlichen Gehalt werden im Allgemeinen zusätzliche Leistungen vereinbart, die je nach Unternehmen sehr unterschiedlich ausfallen und ein beträchtliches Ausmaß annehmen können. Hierzu gehören betriebliche Sozialleistungen, Sonderzahlungen, Betriebsrente, zinsgünstige Darlehen, Fahrtkostenerstattungen, Urlaubsgeld, 13. Gehalt und Jahresprämien, um nur einige herauszugreifen.

Unter Umständen kommt es zu weiteren Vorstellungsgesprächen, meist mit Gesprächspartnern aus einer höheren Führungsebene. Der Kreis der Kandidaten ist in einem solchen Fall bereits viel kleiner geworden und Ihre Chancen haben sich dadurch enorm erhöht.

Trainingsblock Kapitel 1

Bitte beantworten Sie die folgenden Fragen. Die Auflösung finden Sie im Anhang.

1. Aus welchen Unterlagen besteht eine Bewerbungsmappe?
2. Welche Punkte sollten im Anschreiben erörtert, was sollte vermieden werden?
3. Welchen Vorteil bringt Hintergrundwissen über die Firma und wo erhalten Sie entsprechende Informationen?
4. Mit welchen generellen Fragen gehen Sie zum Vorstellungsgespräch?
5. Welche Kenntnisse sollten Sie im Lebenslauf aufführen?
6. Welche Zeugnisse sollten der Bewerbung beigefügt werden?
7. Wenn das Abschlusszeugnis zum Zeitpunkt der Bewerbung noch nicht vorliegt, was ist dann zu tun?
8. Welche Länge sollte ein Bewerbungsanschreiben haben?
9. Wie soll man sich zur momentanen Stelle äußern, wenn man den Arbeitgeber nicht nennen will?
10. Was sollte im Lebenslauf unter Ausbildung aufgeführt werden?

Zusammenfassung

Achten Sie auf Vollständigkeit und saubere Gestaltung Ihrer Bewerbungsunterlagen, denn diese entscheiden über den ersten Eindruck bei Ihrem potenziellen Arbeitgeber und darüber, ob Sie zu einem Gespräch eingeladen werden.

Dann hängt alles vom Verlauf des Vorstellungsgesprächs ab. Deshalb sollten Sie sich darauf sehr gut vorbereiten. Beschaffen Sie sich Informationen über die Firma, bei der Sie sich beworben haben. Überlegen Sie sich auf Grund dieses Vorwissens Fragen an den Interviewer. Im Gespräch sollten Sie jedoch nicht allzu sehr auf Betriebsinterna eingehen. Das wirkt neugierig. Bitten Sie um eine Arbeitsplatzbeschreibung. Gute Gesprächspunkte sind Unternehmensperspektiven, Marktentwicklung und Branchenfragen. Erscheinen Sie pünktlich und in angemessener Kleidung zum vereinbarten Termin. Verzichten Sie auf Understatement, aber auch auf eine übertrieben positive Selbstdarstellung. Zum einen durchschaut ein erfahrener Personalchef sofort, wenn Sie sich verstellen, zum anderen erhalten Sie auf diese Weise zwar vielleicht den Job, aber die Stelle passt nicht zu ihnen.

2 Keine falsche Bescheidenheit – Frauen im Vorstellungsgespräch

„Ich kann gut erzählen, eigentlich bin ich meiner Lehrerin schon immer als Plaudertasche aufgefallen. Ich spreche mehrere Sprachen – sicher nicht alle gleich gut, aber ich musste schon zwei in der Schule lernen. Darunter Russisch, das ich leider nur mit einer Fünf abgeschlossen habe ..." Der Personalchef ist kritisch: Die zukünftige Reiseleiterin, die er gerade interviewt, hat alle gewünschten Fähigkeiten für den Job. Trotzdem bekommt sie die Stelle nicht. Warum?

Das Gesamtbild ist wichtig

Leistung, Auftreten und Kontakte bereiten den Weg zum Erfolg

Nach einer amerikanischen Studie aus den achtziger Jahren wird der Weg zum Erfolg von drei Faktoren bestimmt, nämlich durch Leistung, Auftreten und Kontakte. So weit, so gut. Was die Leistung betrifft, ist dies bekannt und verständlich. Leider macht die Leistung bei der Personalentscheidung nur zehn Prozent aus. Wesentlich schwerer wiegen das Auftreten mit 40 und die Kontakte mit 50 Prozent.

Für Frauen ist dies oft ein Nachteil. Die meisten Frauen haben nämlich in die fachlichen Qualifikationen investiert, die nur mäßig honoriert werden. Frauen machen eine Weiterbildung nach der anderen, anstatt sich auf den „Verkauf der eigenen Person" zu konzentrieren.

Frauen können sich oft nicht richtig verkaufen

Viele Frauen mit hervorragenden Qualifikationen haben aus diesen Gründen keinen Erfolg. Sei es nun die Reiseleiterin mit den hervorragenden Sprachkenntnissen, eine Frau, die seit Jahren im Fundraising Spenden von großen Firmen einholt, eine selbstständige Designerin oder eine Informatikerin, die ihren Sohn allein erzieht. Solche Frauen haben ein großes Problem: Sie werden trotz guter fachlicher Voraussetzungen sehr oft nicht eingestellt, weil sie sich bei Vorstellungsgesprächen nicht richtig verkaufen können.

Seminare zur Werbung in eigener Sache

Wie können Sie Ruhe, Stärke und Dynamik ausstrahlen? Es gibt Seminare zum Thema „Werbung in eigener Sache". Individuelle Veranstalter, Industrie- und Handelskammern sowie Volkshochschulen bieten solche Kurse und Seminare an.

„Das Leben ist ein Zirkus", sagt etwa zu Beginn des Kurses der Trainer. „Jede darf sich für einen Zirkusjob bewerben. Von der Seiltänzerin bis zum Clown." Die Damen, die anfangs teilweise noch mit hängenden Schultern dasitzen und etwas scheu zum Trainer aufschauen, beginnen, sich in Dreiergrüppchen zu organisieren. Jede spielt je einmal die Rolle der Chefin, Bewerberin und Personalsachbearbeiterin.

„Ich bin im Zirkus groß geworden und wollte eigentlich schon immer Dompteuse werden", sagt die selbstständige Designerin. „Den Gehaltswunsch passe ich selbstverständlich Ihrem Budget an."

„Falsch", unterbricht der Trainer. „Sie machen typisch weibliche Fehler. Das Wörtchen ‚eigentlich' müssen Sie vermeiden. Am besten vergessen Sie es ganz, streichen es aus Ihrem Vokabular."

„Eigentlich" gehört zu den Wörtern, mit denen viele Frauen im Vorstellungsgespräch ihre Kompetenz reduzieren. Gefordert sind kurze und prägnante Antworten auf die Fragen der Personalchefs. Doch viele Frauen neigen dazu, sich für positive Aussagen und Eigenschaften zu entschuldigen oder langatmige Erklärungen abzugeben. So entsteht der Eindruck, als misstrauten sie sich selbst.

Die Aufgabe des Trainers liegt u.a. darin, den Seminarteilnehmerinnen durch praktische Übungen Selbstsicherheit in der Darstellung ihrer Fähigkeiten zu vermitteln. Die Trainer selbst sind Vorbild, indem sie Fachwissen und soziale Kompetenz in idealer Weise verbinden. Eine Fähigkeit, die die Teilnehmerinnen erlernen sollen. Die Selbstpräsentation des Leiters motiviert unsichere und schüchterne Frauen, sich aktiv am Seminar zu beteiligen und zu lernen.

Vorstellungsgespräche kann man üben

So werden auch Vorstellungsgespräche praktisch geübt. Wenn dann während eines „Vorstellungsgesprächs" die Exkurse ins Private zu lang werden, muss die „Bewerberin" sanft zurückgeführt werden. Auch das typisch weibliche Grundmuster der Zurückhaltung sollte verändert werden. Dazu sind Anleitung und Training nötig. Frauen neigen sehr zu einer übermächtigen Selbstkritik, die massiv reduziert werden müsste. Dies sollte, soweit es möglich ist, in dem Seminar geschehen. Es geht um Lob, genauer gesagt um Eigenlob. Das Ziel ist erreicht, wenn jede Teilnehmerin ihre Fähigkeiten optimal darstellen kann, wenn sie sich nicht mehr vor eigenem Lob scheut, sondern sich sicher und überzeugend präsentieren kann. Ihre beruflichen Chancen steigen enorm, wenn eine Frau in der Lage ist, klar zu sagen, was sie kann.

Um dieses Ziel zu erreichen, muss jede Seminarteilnehmerin eine „Liste von zehn positiven Aussagen" anfertigen.

Selbstpropaganda gehört zur erfolgreichen Bewerbung

Wenn dann zum Beispiel aufgeführt wird: „Relativ gute Kenntnisse der Informatik", so ist dies eine gnadenlose Untertreibung, vor allem wenn man 15 Jahre Berufserfahrung vorweisen kann. Kein Mann würde so etwas von sich behaupten! Auch wenn man Aufschneider gar nicht leiden kann, so gehört die Selbstpropaganda doch zu einer erfolgreichen Bewerbung.

Frühkindliche Erziehungsunterschiede

Warum fällt es vielen Frauen so schwer, sich selbst zu loben? Die Ursachen liegen in der Kindheit. Wenn Frauen sich die ersten Mahnungen ins Gedächtnis zurückrufen, dann erinnern sie sich an Äußerungen wie:

- → „Sei bescheiden."
- → „Die Klügere gibt nach."
- → „Das Denken überlässt man besser den Pferden, die haben einen größeren Kopf."
- → „Halt den Mund, es kommt sowieso nichts Gescheites raus."
- → „Eigenlob stinkt!"

Diese oder ähnliche Sprüche aus der Kindheit wirken bei vielen Frauen oft ein Leben lang; sie sind zur unbewussten Richtschur ihres Handelns geworden. Solche inneren Hemmnisse müssen aber abgebaut werden, um sich selbst und die eigenen Fähigkeiten richtig darstellen zu können.

In der Theorie erkennen dies viele Frauen, aber oft kommt die Praxis zu kurz. Nur im Rollenspiel kann Selbstbewusstsein und Sicherheit erlernt und eingeübt werden.

- → Stellen Sie sich vor einen Spiegel und drücken Sie ohne Worte aus: „Ich bin wichtig."

Das ist nur eine der Aufgaben im Rollenspiel. Andere Beispiele könnten sein:

- → Sie begegnen einem Interviewer und denken: „Ich bin die Richtige, ich bekomme die Stelle."
- → Schauen Sie dem Personalchef in die Augen und stellen Sie sich dabei intensiv vor: „Ich bin wichtig. Ich habe etwas zu sagen." Vermitteln Sie dies durch Ihre Körperhaltung.

Konkurrenzverhalten – ein wichtiger Aspekt sozialer Kompetenz

Im Gegensatz zu früher, als immer der andere wichtiger war, soll nun die eigene Person im Mittelpunkt stehen. Auf diese Art und Weise wird gleichzeitig das Konkurrenzverhalten geübt – ein wichtiger Aspekt der sozialen Kompetenz.
Wahrscheinlich reicht ein Tagestraining nicht aus, um eine tief greifende und langfristige Veränderung zu bewirken, aber zumindest ist der Anfang gewagt, der erste Schritt getan.
Am Ende des Seminars sollen die Teilnehmerinnen eigene Ziele formulieren und auf einem Blatt notieren. „Die neue Chefin der Abteilung", steht in einem Heft zu lesen oder: „Jetzt ist der neue Topjob erreicht. Das Vorstellungsgespräch wird ein voller Erfolg, der Personalchef ist begeistert."
Nun geht es darum, dass jede der Teilnehmerinnen ein Vorstellungsgespräch als Rollenspiel macht. Die Designerin soll beispielsweise erklären, welche Qualifikationen sie in die Firma einbringen kann und welche Vorteile dies für die Firma bringt. Das ist wichtig, um konkrete Strategien für das nächste Bewerbungsgespräch zu entwickeln.

Trainieren Sie ein positives Selbstbild

Um Veränderungen im Verhalten zu bewirken, braucht man oft mehr als ein einziges Kompaktseminar. Je öfter mit Hilfe von Trainern auch praktisch geübt wird, desto schneller kann sich das Selbstbewusstsein entwickeln. Und irgendwann kommen alle Teilnehmerinnen zu der Erkenntnis: Eigenlob stimmt.
Seminare und Kurse zur Verbesserung der sozialen Kompetenz werden zumeist von Psychologen geleitet. Diese Kurse sind besonders für hoch qualifizierte Frauen geeignet, die wieder in den Beruf zurückkehren wollen, die den Beruf wechseln möchten oder auf der Karriereleiter stehen geblieben sind. Diesen begabten und motivierten Frauen fehlt nur eines: ein positives Selbstbild. Das kann man erlernen und trainieren.

Hinweise zum Training

Sie können Ihre soziale Kompetenz mit diesem Buch trainieren. Ab Kapitel 7 finden Sie eine Menge praktische Übungen, Frage- und Antwortbeispiele, die Ihnen dabei helfen werden, auch auf unangenehme Fragen im Vorstellungsgespräch kompetent zu antworten.

Sie können auch üben, indem Sie Vorstellungsgespräche mit einem Partner als Spiel gestalten. Wählen Sie überzeugende Antworten, die Sie mit Nachdruck aussprechen. Alle Antworten, die in diesem Buch vorgegeben sind, müssen Sie natürlich Ihrer persönlichen Situation anpassen. Stellen Sie sich während des Rollenspiels ganz beharrlich vor: „Ich bekomme den Job!“

Denken Sie intensiv an Ihr Ziel. Verhalten Sie sich so, als ob Sie den Vertrag bereits in der Tasche hätten. Mit Hilfe einer optimalen Vorbereitung schaffen Sie es ganz bestimmt.

Trainingsblock Kapitel 2

Bitte beantworten Sie die folgenden Fragen. Die Auflösung finden Sie im Anhang.

1. Welche drei Faktoren – mit jeweils welchem Prozentsatz – spielen eine entscheidende Rolle für den Erfolg im Beruf?
2. Welches Wort sollten Sie tunlichst bei einem Vorstellungsgespräch vermeiden und warum?
3. Wie können Sie Selbstbewusstsein, Sicherheit und Präsentation der eigenen Fähigkeiten lernen?
4. Welches sind die typischen weiblichen Verhaltensweisen, die eine fachlich kompetente Frau am Erfolg hindern? Was können Sie dagegen tun?
5. Wie können Sie sich selbst motivieren?

6. Frauen sind durchwegs ebenso gut qualifiziert wie Männer. Warum scheitern sie so oft bei der Bewerbung? Was können Sie tun, um Ihre Chancen zu verbessern?
7. Mit welcher Ausstrahlung verkauft eine Frau sich am besten?
8. Wie können Sie Ihre Ausstrahlung verbessern?
9. Welches ist die Ursache für die typischen weiblichen Verhaltensweisen?
10. Was müssen Sie lernen, um erfolgreich zu sein?

Zusammenfassung

Vor allem Frauen neigen bei einer Bewerbung zu falscher Bescheidenheit. Dies liegt u.a. an frühkindlichen Erziehungsmustern. Dabei haben oft gerade Frauen in fachliche Qualifikationen investiert und eine Weiterbildung nach der anderen gemacht, anstatt ihre Talente und bereits erworbenen Kenntnisse richtig zu vermarkten. Gesundes Selbstbewusstsein und sicheres Auftreten im Vorstellungsgespräch kann jedoch trainiert werden. Sie selbst können anhand der in Kapitel 7 vorgestellten Übungen Ihre soziale Kompetenz und Selbstdarstellung verbessern. Weitere effektive Möglichkeiten bietet die Teilnahme an einem psychologischen Trainingsprogramm.

3 Allgemeine Verhaltensregeln

Die Einladung zum Interview liegt auf Ihrem Tisch. Das heißt für Sie, dass die letzte Entscheidung während des Vorstellungsgesprächs fallen wird. Sie zählen zu den Gewinnern. Aber wie sollen Sie sich verhalten? Von anfangs vielleicht 80 oder 100 Bewerbern sind jetzt nur noch vier oder fünf übrig geblieben. Alle anderen Kandidaten sind in der Vorrunde ausgeschieden. Aus ökonomischen Gründen werden meist nur vier oder fünf Bewerber in die engere Wahl genommen.

Martin Berger[1] von der Kienzle Personalberatung, der im Jahr mehr als 1.200 Vorstellungsgespräche durchführt, sagt: „Ich gehe immer etwas nervös in das Gespräch. Ich weiß zwar nicht, was mich erwartet, aber ich muss mich entscheiden, entweder für oder gegen den Bewerber.“

Entschieden wird im Interesse des Unternehmers, der zumeist beim Interview vertreten ist und auch das letzte Wort hat. So darf zum Beispiel ein zukünftiger Bankangestellter nicht zu forsch mit den Kunden umgehen. Der kommt die Bank genauso teuer zu stehen wie einer, der zu schüchtern ist.

Das äußere Erscheinungsbild spielt eine wichtige Rolle

Selbstverständlich spielt auch das äußere Erscheinungsbild eine große Rolle. So kann sich schon im ersten Augenblick entscheiden, ob der Bewerber für den Kundenkontakt geeignet ist. Die Kleidung muss ordentlich, sauber und gepflegt sein – so wie es in der Branche üblich ist. Ein Sachbearbeiter in einer Bank ist anders gekleidet als ein Werbeassistent.

---

[1] Name geändert

Nervosität ist normal

Dem Interviewer ist klar, dass der Kandidat nervös ist. Auch er spürt ein leichtes Kribbeln in der Magengegend. Wenn es nicht anders geht, dann rät Berger zur Flucht nach vorne. Warum sollten Sie nicht ganz offen sagen, dass dies Ihr erstes Vorstellungsgespräch ist? „Außerdem sollte sich jeder Bewerber darüber im Klaren sein, dass er bereits die ersten Hürden genommen hat, indem er die schriftliche Bewerbung und eventuelle Tests erfolgreich absolviert hat. Das gibt ein gewisses Maß an Selbstsicherheit."

Die Bedeutung des Vorstellungsgesprächs ist verschieden

Die Bedeutung des Vorstellungsgesprächs ist von Branche zu Branche, aber auch von Unternehmen zu Unternehmen unterschiedlich. So wird im gewerblich-technischen Bereich eher Wert auf gute Schulnoten, Testergebnisse und Arbeitszeugnisse gelegt.

Bei Banken, Handel und Versicherungen, wo direkter Kundenkontakt besteht, gibt der persönliche Eindruck den Ausschlag. Doch dieser erste Eindruck kann oft falsch sein. Um die Persönlichkeit ein wenig transparenter zu machen, gehen manche Betriebe des Dienstleistungsbereichs dazu über, das Vorstellungsgespräch in ein strukturiertes Interview umzuwandeln.

Der Personalsachbearbeiter nimmt einen Fragebogen mit in das Gespräch und trägt Punkt für Punkt die Antworten ein. Anschließend stuft er den Bewerber nach einer Werteskala von „sehr gut geeignet" bis „nicht geeignet" ein.

Berger rät jedem Bewerber, sich so natürlich wie möglich zu geben. „Dadurch kommt es zu keinen Verkrampfungen. Es ist ein Vabanquespiel, wenn man versucht, sich so weit wie möglich anzupassen. Schließlich erhält man den Job, ist aber mit dem Arbeitsplatz überhaupt nicht glücklich, weil man durch übergroße Anpassung an die falschen Leute geraten ist."

Der Tachometer- und Messgerätehersteller VDO geht sogar noch einen Schritt weiter. Zu den Vorstellungsgesprächen der Lehrlinge werden die Eltern mit eingeladen. Zunächst werden sie durch den Betrieb geführt, anschließend wird ein intensives Gespräch mit Lehrling und Eltern geführt.

VDO machte damit positive Erfahrungen. „Wenn die Eltern einbezogen werden, dann integriert sich der Auszubildende bedeutend besser in den Betrieb", meint Berger. Beim anschließenden Vorstellungsgespräch fallen nur noch Bewerber durch, die nicht in die Firma passen.

Trotz vieler Unterschiede gibt es in jedem Vorstellungsgespräch einen typischen Verlauf: Der Personalchef beginnt mit einer Aufwärmfrage nach dem Motto „Wie war die Anreise? Haben Sie uns sofort gefunden?" Dann lässt er den Bewerber aus seinem Leben, von seiner Schulzeit, Ausbildung und beruflichen Erfahrung berichten. Daraus ergeben sich schon die ersten Anknüpfpunkte und schon ist das Gespräch in Gang. Nach und nach folgen Standardfragen, wie beispielsweise nach dem Berufswunsch, beruflichen Zielen, Hobbys, Familie und Weiterbildung.

Eine Standardfrage zum Gesprächsabschluss

Zum Abschluss des Gesprächs kommt die Standardfrage: „Haben Sie noch irgendwelche Fragen an uns?"

Bei dieser Gelegenheit können Sie zeigen, wie gut Sie sich bereits über das Unternehmen informiert haben. Stellen Sie Fragen nach den Arbeitsplatzbedingungen, den Aussichten des Betriebs, betriebsinternen Weiterbildungsmöglichkeiten und dem Gehalt. „Denn es wäre sicher verwunderlich, wenn sich ein zukünftiger Kaufmann nicht nach seinem Gehalt erkundigen würde", meint Berger. Allerdings sollte man keine überflüssigen Fragen stellen. Überlegen Sie Ihre Fragen genau – zu wenig ist ebenso schädlich wie zu viel.

Ein anderes Phänomen, von dem Berger unbedingt abrät, ist der Versuch, den idealen Bewerber spielen zu wollen. Das ist, wie bereits erwähnt, ziemlich schwierig. Einen „idealen Bewerber" gibt es nämlich nicht, da die Kriterien von Unternehmen zu Unternehmen anders gewertet werden. Die wichtigste Eigenschaft, die ein Bewerber mitbringen sollte, und das betonen die Unternehmen einheitlich, ist Ehrlichkeit.

„Wir kennen die Sprüche schon alle auswendig", meint Berger. „Der Bewerber wollte schon immer Mikroelektroniker werden. Er hat sich ausführlich über den Beruf informiert. Er macht das Ganze sowieso als Hobby etc."

Bei solchen Sätzen wird oft sofort eingehakt und dann haben die meisten Bewerber ein Problem.

Eine mögliche Alternative ist eine ehrliche Antwort: „Ich habe mich überall beworben, aber mir zumeist nur Absagen eingehandelt. Bei Ihnen hat es auf Anhieb geklappt."

Das, so meint Berger, ist eine Antwort, die jeder Personalchef akzeptieren kann. Dafür vergeben manche sogar insgeheim Pluspunkte.

Soll das Verhalten eines idealen Bewerbers positiv definiert werden, wird von den Unternehmen eher zurückhaltendes Auftreten erwartet. Wichtig ist eine gute verbale Ausdrucksfähigkeit. Das muss manchmal mit einem Kurzvortrag über ein allgemeines Thema bewiesen werden. Wichtig ist auch eine angenehme, natürliche äußere Erscheinung. Es sind weder bunte Hemden und Jeans noch der feinste Anzug bzw. das teuerste Sakko angebracht. Gehobene Freizeitkleidung wird in den meisten Fällen vollkommen ausreichen. Wer in Turnschuhen oder in Cowboystiefeln und Jeans zur Vorstellung kommt, dokumentiert einen schlechten Stil. Die meisten Unternehmen legen Wert auf eine eher konservative Kleidung.

Beweisen Sie Zielstrebigkeit

Weiterhin sollten Sie als Bewerber eine gewisse Zielstrebigkeit zeigen. Sie sollten wissen, was Sie wollen. Angesprochen auf Ihre zukünftigen beruflichen Ziele, sollten Sie klare Antworten parat haben wie zum Beispiel:

→ Ich möchte in ... Jahren meine Kenntnisse in ... so verbessert haben, dass ich zum Abteilungsleiter aufsteigen kann.
→ Ich lerne ... Sprache und möchte später in einer Ihrer Niederlassungen in Asien arbeiten.
→ Ich habe vor, langfristig die ... Laufbahn einzuschlagen und stelle mir vor, in ... Jahren ... erreicht zu haben.

Umgang mit Angst, Nervosität und Aggression

Ich schildere Ihnen hier eine schwierige Situation: Der Bewerber Anton Reichert[1] wird vom Personalsachbearbeiter Pascal Schilling[2] interviewt. Sie sitzen sich gegenüber. Sie sehen sich zum ersten Mal. Nach einem kurz hingeworfenen „Guten Morgen, setzen Sie sich bitte“ sagt Schilling weiter: „Eigentlich weiß ich gar nicht, was ich hier mit Ihnen soll. Die freien Positionen sind sowieso schon alle besetzt. Und wenn eine frei wäre, würde ich sie Ihnen zuletzt geben.“

Was soll Herr Reichert nun tun? Wenn er sehr schnell handelt, hätte er im Normalfall zwei Möglichkeiten:

- → Er könnte seinerseits auf Schilling losgehen und könnte sich zum Beispiel dessen beleidigenden Ton verbieten. Er könnte ihm anheim stellen, doch zuerst einmal den Sachverhalt zu erklären, bevor er zu einem solch negativen Schluss kommt.
- → Er könnte aber auch den Sachbearbeiter einfach ignorieren und das Gespräch möglichst unbefangen weiterführen in der Hoffnung, dass sich im weiteren Verlauf eine Lösungsmöglichkeit abzeichnet.

Im Stressinterview wird die Selbstsicherheit des Bewerbers getestet

Egal ob sich Herr Reichert nun kämpferisch-aggressiv oder flüchtend-unsicher verhält, die Konsequenzen sind die gleichen: Der eigentliche Konflikt wird nicht gelöst. Wahrscheinlich wird Herr Reichert nach dem Bewerbungsgespräch zu Hause darüber nachgrübeln, warum das Gespräch so gelaufen ist, und sich fragen, welchen Fehler er wohl gemacht hat. Hätte er dem Personalsach-

---

[1] Name geändert

[2] Name geändert

sich um ein Stressinterview und man wollte seine Selbstsicherheit austesten?

Kampf und Flucht sind zwei Überlebensreaktionen, die wir von unseren Vorfahren übernommen haben. Bei Wut und Angst wird das logische Denken blockiert. Der Blutstrom wird durch einen Adrenalinausstoß direkt zu den Arm- und Beinmuskeln umgeleitet, um sie auf eine körperliche Reaktion vorzubereiten.

Wut und Angst blockieren das logische Denken

Schon Kleinkinder sind mit Angst und Aggression konfrontiert. Kinder sind von Natur aus noch sehr selbstsicher. Zu den ersten Worten gehört bereits „Nein“. Doch im Laufe der Zeit verlernen wir unsere kindliche Selbstsicherheit.

Kampf und Flucht sind zweifelhafte Überlebenstechniken

Die Praxen von Psychologen sind voll von Menschen, die sich zu stark auf Kampf und Flucht als Überlebenstechnik verlassen. Ihr Leben ist voller Probleme. Aber die Probleme an sich machen uns nicht unsicher, aggressiv oder krank, sondern unsere Reaktionen darauf. Natürlich können wir sagen, dass uns andere Menschen aggressiv und unsicher machen. Das stimmt aber nicht. In Wirklichkeit machen wir uns selbst unsicher und unglücklich. Wäre das nicht so, dann müssten alle anderen genau mit demselben Verhalten reagieren, was aber nicht stimmt. Was den einen völlig aus dem Häuschen bringt, lässt den anderen seelenruhig.

Schauen wir uns die für eine Bewerbung wichtigen Eigenschaften an, die das optimale Verhalten zur Zielerreichung garantieren:

Aggression und Selbstsicherheit im Vorstellungsgespräch

Ziel: Angebot eines Arbeitsvertrags

z.B

	Unsicherheit
Einstellung zu sich selbst	verleugnet sich und seine Bedürfnisse, fühlt sich als Verlierer
Verhalten	schüchtern, ängstlich, gehemmt, verwirrt, stumm
Akzeptanz anderen gegenüber	sieht andere als überlegen an, lässt diese über sich entscheiden
Zielerreichung	erreicht sein Ziel selten oder per Zufall

Unsicherheit

Unsicherheit resultiert häufig aus einem negativen Selbstbild

Unsicherheit bei Vorstellungsgesprächen ist oft auf ein negatives Selbstbild zurückzuführen. Man traut sich selbst nichts zu und hat Angst, dass andere das bemerken. Diese Angst vor dem Gesichtsverlust, vor dem Versagen und vor dem Unterlegensein kann tief sitzen.
Oft ist diese Angst anerzogen, zum Beispiel durch überhöhte Forderungen der Eltern. Unsicherheit ist nur bedingt realistisch, d.h., sie entspricht nicht immer den objektiven Gegebenheiten. Der unsichere Mensch kann Opfer seiner sich selbst erfüllenden Voraussage werden.

Wie entsteht Unsicherheit?

Etwa durch gezielte Beeinflussung während der Kindheit und Jugendzeit durch die erziehenden Eltern. Man kann dem Kind zum Beispiel oft genug sagen:

„Aus dir wird nichts." – „Wenn du so weitermachst, bringst du es zu nichts." Etc.

Aggression	Selbstsicherheit
fühlt sich überlegen, muss sich immer durchsetzen	realistisch und selbstkritisch, ist sich seiner selbst sicher
herablassend, kritisch, arrogant, kämpferisch	zeigt Selbstvertrauen, ist sicher und flexibel
fühlt sich anderen überlegen und wertet sie vor sich ab	kooperativ, fühlt sich als gleichberechtigt, trifft eigene Entscheidungen
erreicht sein Ziel nur vorübergehend	erreicht sein Ziel häufig

Der Verlust des Urvertrauens ruft später eine tiefe Unsicherheit hervor

Die Scheidung der Eltern wirkt sich negativ auf die Selbstsicherheit von Kindern aus. Die Scheidungssituation wird von kleinen Kindern als traumatisch erlebt und sie fühlen sich hilflos. Oft machen sie sich sogar selbst für das Scheitern der Ehe der Eltern verantwortlich. Das Urvertrauen in den Bestand einer sozialen Beziehung geht verloren. Damit ist eine spätere tiefe Unsicherheit in allen Lebensbereichen vorprogrammiert.
Erlebnisse, die einmalige Pleiten oder Misserfolge waren, die aber ungerechtfertigter Weise generalisiert werden, können zu tiefer Lebensangst führen. So kann schon eine nicht bestandene Prüfung dazu führen, dass ähnliche Situationen – also jede Art von Prüfung, und sei sie noch so unwichtig – in Zukunft vermieden werden. Möglicherweise wird die Angst vor einem möglichen Versagen dann auf viele weitere Lebensbereiche übertragen.

Wie wirkt sich Unsicherheit aus?

Eine negative Einstellung zu sich selbst lässt sich in der Vorstellungssituation an vielen Kleinigkeiten beobachten:

Man wertet sich selbst ab und verzichtet auf Anerkennung und Dank: „Sie haben sich für uns interessiert; dafür vielen Dank."

→ „Nichts zu danken."
→ „Aber das war doch selbstverständlich."
→ „Mein Erfolg war doch reiner Zufall."
→ „Nun, das ist ja alles halb so wild."

Aber auch in den folgenden Formulierungen drückt sich Selbstunsicherheit aus:

Auf den Satz: „Bedienen Sie sich ruhig, wir haben einen kleinen Imbiss für Sie hergerichtet" reagieren viele Menschen mit:

→ „Aber das wäre doch nicht nötig gewesen."
→ „Wenn Sie nichts dagegen haben, könnte ich vielleicht meine Bewerbungsmappe vorzeigen."
→ „Wenn Sie meinen, würde ich sagen, dass ..."

Wenn es möglich ist, lässt man den anderen den Vortritt an der Tür oder wartet ab, bis sie eine Entscheidung getroffen haben. Eigene Entscheidungen sind damit hinfällig. Man geht nicht auf andere zu, sondern wartet ab, bis diese auf einen zukommen. Im Vorstellungsgespräch entsteht so der Eindruck von Unsicherheit, von einzelgängerischer Zurückgezogenheit („Sie passen nicht ins Team"). Damit verringern sich die Einstellungschancen erheblich. Unsichere Menschen haben lediglich ein Defizit in der Selbstwahrnehmung und -darstellung, was aber nichts mit der Leistung oder der Intelligenz zu tun haben muss.

Suchen Sie Augenkontakt

Die Tendenz, Augenkontakt zu vermeiden, zeigt ebenfalls Unsicherheit. Negative Folgen kann dies im Vorstellungsgespräch haben, wo es ja besonders auf eine offene und ehrliche Wahrnehmung ankommt. Selbstunsicheren Personen wird deshalb immer empfohlen, einen Punkt auf der Stirn des Gesprächspartners zu fixieren, um auf diese Weise einen Augenkontakt vorzutäuschen.

Tatsächlich bemerkt ein ungeübter Gesprächspartner den Unterschied nicht.

Gefragt sind Geistesgegenwart und Reaktionsvermögen

Selbstunsicherheit geht leider häufig einher mit einer gewissen Geistesabwesenheit, mit fehlender Konzentration auf das, was gerade passiert. Ausgerechnet in Situationen wie dem Vorstellungsgespräch, in dem es auf Geistesgegenwart, schnelle Reaktion und Schlagfertigkeit ankommt, sind Unsichere nicht voll da, gedanklich nicht ganz präsent. Sie erinnern sich in ständig wiederkehrenden Gedanken an die Niederlagen der Vergangenheit und haben Angst vor der Zukunft. Sie sind so sehr mit sich selbst beschäftigt, dass sie sich nur noch teilweise auf das konzentrieren können, was um sie herum geschieht. Mit einer Methode aus der Verhaltenstherapie kann man lernen, solche negativen Gedankenmuster zu unterbrechen.

Selbst erfüllende Prophezeiungen

Als Konsequenz einer sich selbst erfüllenden Prophezeiung kann sich so auf längere Sicht ein Misserfolg nach dem anderen einstellen. In diesen negativen Erfahrungen, die ja dann nicht mehr Fantasien oder Einbildungen sind, bestätigen sich die ursprünglichen negativen Erwartungen. Das drückt sich dann in dem Satz aus: „Warum bemühe ich mich eigentlich, ich hätte den Job ja sowieso nicht gekriegt."

Aggressivität

Angriff ist nicht die beste Verteidigung

Aggressivität im Vorstellungsgespräch wird oft nach dem Motto verstanden: „Angriff ist die beste Verteidigung." In Situationen, in denen unsichere Menschen zögern, hat der Aggressive gelernt, dass er auftrumpfen, dass er dominant sein muss, um besser als die anderen zu sein.

Hilft das beim Vorstellungsgespräch? Wenn man Normen akzeptiert, wie sie der „Aggressive" hat, dann ist es praktisch unmöglich, Misserfolge produktiv zu verarbeiten. Wer kann „immer perfekt sein"? Wer „lässt sich nie etwas gefallen"? Eine solche Einstellung führt dazu, dass man ständig Ausschau nach anderen Menschen hält, die einem überlegen sein könnten.

!

Wird ein solches Verhalten auf die Vorstellungssituation übertragen, dann sind zweifelsfrei bereits die ersten Konflikte vorprogrammiert. Bereits während des Vorstellungsgesprächs kann es zu einem verdeckten, vielleicht sogar zu einem offenen Angriff kommen. Denn aggressive Persönlichkeiten erlauben sich nicht, Angst vor dem Interviewer zu haben oder unsicher zu wirken.

Kommt es zu einem Misserfolg, dann sind grundsätzlich die anderen schuld. „Der hat mich schon beim Eintreten schief angeschaut." „Die wollten mich verschaukeln, aber ich habe denen gezeigt, dass die so etwas mit mir nicht machen können." Solche oder ähnliche Sätze werden in einer gestenreichen Drohgebärde ausgesprochen.

Aggressivität führt zu Missverständnissen

Vom Verhalten her sind aggressive Personen immer sehr rechthaberisch, auch wenn sie zum Schein auf Gegenargumente eingehen. Sie klammern sich häufig an Normen, Vorurteile und Traditionen. Oft sind diese Normen aber nur ihnen selbst geläufig: „Das macht man aber so." Aus diesem Grunde gibt es zahlreiche Missverständnisse.

Hilft ein aggressiver Mensch einem anderen, so will er nur seine eigene Überlegenheit und Unentbehrlichkeit demonstrieren. Solche Menschen erteilen unaufgefordert Ratschläge und warten dann darauf, dass man sich danach richtet. Auch im Vorstellungsgespräch können sie zur Besserwisserei neigen. „Das, was Sie mich jetzt fragen, hat mit dem Job aber gar nichts zu tun" oder: „Diese Fragen dürfen Sie mir gar nicht stellen. Stattdessen sollten wir uns über den Personalaufbau der Firma unterhalten." Geht etwas schief, so lautet der lakonische Kommentar: „Ich habe das gleich kommen sehen."

Besonders in Situationen, in denen nicht von vornherein klar ist, wer der Führer und wer der Geführte ist, lässt sich der Wille des aggressiven Menschen zur Durchsetzung gut beobachten. Schon bevor einer der Beteiligten es bewusst wahrgenommen hat, übernimmt der Aggressive die Führerrolle und verteilt die Aufgaben, gibt Anweisungen. Lässt man diese „selbst ernannten Führer" ins Leere laufen, so ziehen sie sich schmollend zurück.

Aggressivität führt nicht zum Ziel

In der Bewerbungssituation sind die Rollen von vornherein festgelegt. Trotzdem kann es vorkommen, dass ein aggressiver Bewerber die Führung an sich reißt. Das mag bei einigen „schwachen" Interviewern durchaus passieren. Trotzdem führt dieses Verhalten nicht zum Ziel. Denn die Entscheidungsbefugnis liegt nach wie vor bei der Personalabteilung. Aber auch der Interviewer wird sich früher oder später, manchmal auch erst nach dem Interview, gegen den „anmaßenden" Kandidaten entscheiden.

Präsentieren Sie sich nicht als Prügelknabe, aber verschwenden Sie auch keine Energie darauf, sich ständig als der Starke zu behaupten.

Selbstsicherheit

Selbstsichere Kandidaten sind flexibel

Selbstsicherheit bedeutet vor allem, sich seiner selbst, seiner Fähigkeiten sicher zu sein. Dies ist erlernbar. Selbstsichere Kandidaten müssen deshalb im Vorstellungsgespräch zunächst einmal gar keine Rolle übernehmen. Sie sind flexibel und können sich auf die jeweilige Situation einstellen.

Eine positive Einstellung erzeugt eine positive Ausstrahlung

Sie können sich auf die eigene positive Weltanschauung verlassen. Sie haben eine positive Einstellung zu sich selbst, was wiederum eine positive Ausstrahlung bewirkt. Im Vorstellungsgespräch haben sie ein sicheres Gespür für den Gesprächsverlauf. Sie verzeichnen zunehmend Erfolgserlebnisse, die ihr Vertrauen zu sich selbst stärken.

Selbstsichere Menschen sind nicht naiv. Sie analysieren genau und befassen sich intensiv mit den an sie gestellten Anforderungen. In entscheidenden Situationen erkennen sie Alternativen und versuchen, die beste Lösung zu erzielen.

Während der Vorstellung wird das Thema Gehalt angesprochen. Die Gehaltsstruktur ist vorgegeben. Zu hohe Forderungen können von den Interviewern nicht akzeptiert werden, weil sonst das Gehaltsgefüge der Firma aus den Fugen gerät. Zu geringe Forderungen machen den neuen Mitarbeiter auf die Dauer unzufrieden. Es ist wichtig herauszufinden, in welchem Rahmen sich die Firma bewegen kann, welcher finanzielle Spielraum für den Bewerber zur Verfügung steht. Dabei darf man durchaus auch um einen Vorschlag der Firma bitten oder seine eigenen Gehaltsvorstellungen im angemessenen Rahmen nennen.
Während unsichere Menschen dazu neigen, jedes Angebot zu akzeptieren bzw. selbst sehr geringe Lohnforderungen stellen, neigen aggressive Menschen zu überhöhten Forderungen. Der Interviewer muss dann den Bewerber erst wieder in den Bereich der Realität zurückführen.

Ideales Verhalten beim Interview

Gibt es ein ideales Verhalten? Ja und nein. Ob man sich optimal verhalten hat, kann man erst nach dem Interview sagen. Wurde eine Einstellung erreicht, so müssen die Antworten sehr gut gewesen sein und die Eckdaten gestimmt haben.

Ideales Verhalten ist weder übertriebenen selbstsicher noch aggressiv

Das ideale Verhalten im Interview ist weder die übertriebene Selbstsicherheit noch die Aggression. Vielmehr liegt in der natürlichen Selbstsicherheit die größte Stärke eines Kandidaten.
Haben Sie nach mehreren Vorstellungsgesprächen kein konkretes Ergebnis, d.h. keine Einstellung, erreicht, wird es höchste Zeit, über das eigene Verhalten während des Gesprächs nachzudenken. Behilflich bei diesen Problemen sind Bewerbungs- und Karriereberater. Ebenso finden Sie im Literaturverzeichnis (im Anhang) Bücher, die Ihnen Anregungen und Tipps geben können.
Wer Bewerbungsgespräche unter relativ realistischen Umständen trainieren möchte, kann Kurse zum Thema „Bewerbung“ bei der Volkshochschule belegen. Bei stark ausgeprägter Unsicherheit

sollten Sie überlegen, ob ein Selbstsicherheitstraining bei einem Psychologen oder Trainer zum Ziel führen könnte.

Nonverbale Informationen

Die Körpersprache ist wichtig

Neben den vielen verbalen Informationen bei einem Vorstellungsgespräch haben wir es auch mit einer anderen, ebenso wichtigen Kommunikationsebene, der Körpersprache, zu tun. Unter Körpersprache verstehen wir die Gestik und Mimik, die mit der verbalen Aussage zeitgleich einhergeht und die gesamte Kommunikation mitbestimmt.

Was kann es Ihnen nützen, wenn Sie nonverbale Informationen empfangen und verstehen können? Sicher haben Sie damit einen großen Vorteil gegenüber anderen Bewerbern. Sie können rechtzeitig im Vorstellungsgespräch erkennen, ob kritische Situationen entstehen. Alle nonverbalen Signale sind unbewusst und geben Aufschluss über die Bewusstseinslage des „Senders", sie zeigen die wahre Meinung. An Augen, Händen, Gestik, Körper- und Kopfhaltung können geübte Beobachter die Signale der Sender wahrnehmen und deuten.

Praktische Bedeutung erlangen nonverbale Informationen, wenn es darum geht, Ihnen Klarheit darüber zu vermitteln, welche Chance Sie wirkliche haben. Schauen wir uns einige typische Situationen an und entschlüsseln wir die Bedeutung der Reihe nach:

Begrüßung

Achten Sie schon bei der Begrüßung auf nonverbale Informationen

Die Begrüßung ist eine der wichtigsten nonverbalen Informationen, die Sie in einem Bewerbungsgespräch empfangen können. In der Regel sind die Interviewer bereits eingehend über Sie informiert. Sie haben sich Ihre Bewerbungsunterlagen genau angesehen und sind im Idealfall von Ihren Fähigkeiten überzeugt. Was jetzt noch fehlt, ist lediglich die persönliche Bestätigung des guten schriftlichen Eindrucks, den Sie mit Ihrer Bewerbung gemacht haben.

Wenn Sie also mit Vorschusslorbeeren bedacht sind, dann sollte das Vorstellungsgespräch für Sie nur noch eine reine Formalität sein. Doch nicht immer bedeutet eine scheinbar warmherzige Begrüßung auch Zustimmung. Der Teufel steckt im Detail. Sie müssen scharf beobachten, um herauszufinden, wie Ihre Chancen stehen.

Bei der Begrüßung öffnet der Personalchef beide Hände und deutet mit den Armen eine Umarmung an.
Bedeutung: sehr positives Zeichen. Sie sind herzlich willkommen und werden bereits erwartet.

Bei der Begrüßung öffnet der Personalchef die Tür. Seine Hände sind verdeckt, eher hängend als aktiv ausgestreckt. Er deutet auf einen freien Stuhl vor seinem Schreibtisch. Sein Händedruck ist kraftlos.
Bedeutung: negatives Zeichen. Sie sind zwar willkommen, aber man hat sich offenbar schon für einen anderen Bewerber oder eine andere Bewerberin entschieden.

Der Assistent öffnet die Tür. Der Personalchef hält sich eher zurück. Er steht auf, es folgt ein kurzer Blickkontakt.
Bedeutung: negatives Zeichen. Sie sind ihm nicht besonders wichtig. Das Gespräch wird wohl eher als Pflichtübung angesehen.

Nach längerer Wartezeit lässt Sie ein Assistent ein. Sie werden mit einem kurzen Nicken empfangen. Der Händedruck ist lau.
Bedeutung: sehr negatives Zeichen. Sie sollen weich gekocht werden. Man wird Ihnen ein schmähliches Gehaltsangebot machen. Vielleicht planen die Herren auch ein Stressinterview.

Der Chef öffnet zögerlich. Dann nimmt er an seinem Schreibtisch Platz und sucht nach Ihrer Akte. Er findet sie nicht mehr. Er wendet sich Ihnen wieder mit leeren Händen zu und schaut auf die Schreibtischplatte.
Bedeutung: sehr negatives Zeichen. Es ist ihm peinlich, dass Sie gekommen sind. Das Gespräch mit Ihnen ist nur eine Pflichtübung. Er wäre Sie am liebsten schon wieder los.

Gestik und Mimik während des Gesprächs

Beobachten Sie die Augen Ihres Gegenübers

Während des Gesprächs können viele Details der nonverbalen Kommunikation für Sie wichtig werden. Zumeist bemerken Sie es deutlich, wenn Sie das Interviewerteam begeistern können. Auch das Gegenteil ist offensichtlich. Das Desinteresse eines Interviewers zeigt sich in einer laschen Frage- und Antworttechnik und einem eher kühlen Ton. Auch an den Augen lässt sich Unmut oder Zustimmung ablesen. Sie sollten die Augen Ihres Gesprächspartners immer beobachten.

z.B

Der Personalchef fixiert Ihre Augen, dabei weiten sich seine Pupillen.
Bedeutung: sehr positives Zeichen. Ihre Antwort war gut. Das Interesse des Chefs ist geweckt. Er will mehr wissen.

Die Augenbrauen des Gesprächspartners senken sich oder ziehen sich deutlich zusammen.
Bedeutung: weniger positives Zeichen. Die Antwort hat wohl nicht ganz in sein Konzept gepasst. Nun heißt es aufpassen, dass sich dieses Signal möglichst nicht wiederholt.

Bei der nächsten Antwort bilden sich Grübchen um den Mundwinkel, die sich nach unten ziehen.
Bedeutung: sehr schlechtes Zeichen. Sie werden vom Personalchef negativ beurteilt. Ihre Chancen sinken nahezu gegen null.

Der Mund des Personalchefs ist spitz zusammengezogen. Es kommt zur so genannten Spuckstellung.
Bedeutung: absoluter Tiefpunkt. Nun können Sie die Bewerbung kaum mehr retten. Die Beziehung zu Ihnen läuft ins Irrationale. Sie können nur noch eine kühle Verabschiedung erwarten.

Die Pupillen des Personalleiters verengen sich.
Bedeutung: negatives Zeichen. Irgendetwas im Gespräch läuft schief.

Der Personalleiter weicht Ihnen mit seinem Blick aus.
Bedeutung: Sie sind auf etwas gestoßen, was er verheimlichen möchte. Vermutlich wird er Sie als neugierig einschätzen.

Der Personalchef lächelt in sich hinein, er sieht Sie verstohlen an.
Bedeutung: indifferentes Zeichen. Sie sollten nicht so freimütig mit Ihren Äußerungen sein. Irgendetwas hat ihn misstrauisch gemacht. Er wartet darauf, dass Sie in eine Falle tappen.

Der Personalchef greift sich kurz an die Nase.
Bedeutung: Verlegenheitsgeste. Der Personalchef fühlt sich ertappt. Ein kurzes Nasenjucken hat ihn unsicher gemacht. Er weiß im Moment nicht mehr weiter.

Der Interviewer presst die Lippen zusammen.
Bedeutung: eher schlechtes Zeichen. Irgendetwas ärgert ihn. Er ist mit seinen Zugeständnissen am Ende.

Der Interviewer beugt sich mit dem Oberkörper weit vor und sucht Blickkontakt. Dabei senkt er die Stimme.
Bedeutung: positives Zeichen. Er will Sie ins Vertrauen ziehen. Vermutlich macht er Ihnen bald ein lukratives Angebot.

Der Interviewer lehnt sich im Bürostuhl weit zurück und verschränkt die Hände hinter dem Kopf.
Bedeutung: Nachdenklichkeit. Er will sich die Sache nochmals aus etwas distanzierter Sicht betrachten. Vermutlich wird er einen Kompromiss anbieten.

Der Interviewer verschränkt die Arme plötzlich vor der Brust.
Bedeutung: unbewusste Abwehrbewegung. Er will Ihre Forderungen stoppen. Wahrscheinlich hat er sich innerlich schon gegen Sie entschieden.

Der Interviewer bildet mit den Händen ein spitz zulaufendes Dreieck. Langsam wendet er die Spitze auf Sie zu.
Bedeutung: letztes Angebot als Kampfansage. Es liegt nun an Ihnen, das Gesagte zu akzeptieren. Es wird sonst kein weiteres Angebot mehr geben.

Der Personalchef stemmt die Hände in die Hüfte.
Bedeutung: unbewusste Drohhaltung. Sie sind aus dem Rennen. Er will zeigen, dass er der Stärkere ist.

Der Interviewer reibt sich langsam die Handflächen.
Bedeutung: eher indifferentes Zeichen. Er freut sich über irgendetwas. Es ist nicht klar, ob die Freude für Sie einen Vor- oder einen Nachteil bedeutet.

Der Personalchef legt die Hände auf den Rücken und lehnt sich zurück.
Bedeutung: eher negatives Anzeichen. Er fühlt sich in die Enge getrieben und weiß nicht, wie er da herauskommen soll.

Der Interviewer legt die Fingerkuppen aufeinander.
Bedeutung: Nachdenklichkeit. Er will Zeit gewinnen und zugleich seine Worte wirken lassen. Vielleicht ist es auch eine Warnung an Sie, nun keine weiteren Forderungen mehr zu stellen.

Der Personalchef lenkt den Blick nach oben, dann deutet er mit dem Zeigefinger auf Sie.
Bedeutung: belehrende Geste. Sie sollten sich nun zurückhalten, eventuell ist er mit seiner Geduld am Ende. Vielleicht kommt eine Belehrung mit dem Tenor: „Ich zu meiner Zeit ..."

Der Personalchef trommelt mit den Fingern ungeduldig auf den Schreibtisch.
Bedeutung: indifferentes Zeichen. Er ist ungeduldig. Läuft ihm die Zeit davon oder reden Sie zu umschweifig?

Der Interviewer schlägt spontan die Beine übereinander und wendet sich von Ihnen ab.
Bedeutung: äußerst negatives Zeichen. Sie haben praktisch verloren. Alles andere ist ihm nun wichtiger geworden.

Der Interviewer schlägt die Beine übereinander, bleibt Ihnen jedoch zugewandt.
Bedeutung: indifferentes Zeichen. Der Interviewer ist entspannt, er hat seine Entscheidung innerlich gefunden. Nur Sie wissen nicht, wie sie ausgefallen ist.

Abschiedsgesten

Die Verabschiedung kann Resümee oder Ritual bedeuten

Die Bedeutung von Abschiedsgesten kann unterschiedlich eingeschätzt werden. Bedeuten sie das Resümee einer Begegnung oder sind sie eigenständige Rituale, die unabhängig von einer Entscheidung ausgeführt werden?
Bei der Vorstellung scheint beides vermengt. Trotzdem ist die Neigung zu einem möglichst positiven Abschied zu erkennen. So gesehen wird der Abschied zum letzten Akt eines Theaterstücks, in dem Bewerber und Interviewer die Hauptrollen spielen. Die Tendenz geht heute mehr zum freundlichen Abschied, auch wenn dieser nicht so gemeint ist. Schon kleinste Nuancen in der non-

verbalen Kommunikation können den Erfolg oder den Misserfolg einer Bewerbung anzeigen.

Der Personalchef nimmt seine Brille ab und verabschiedet sich mit einem leichten Lächeln.
Bedeutung: eher positives Zeichen. Zwar ist die Entscheidung noch nicht gefallen, aber Sie liegen gut im Rennen.

Der Personalchef verabschiedet Sie überaus herzlich. Er rückt seine Brille zurecht, steht auf und lässt Sie von der Sekretärin hinausbegleiten.
Bedeutung: gutes Zeichen. Man wird über Sie nachdenken, der Job ist Ihnen zu 90 Prozent sicher.

Der Personalchef verabschiedet Sie überaus herzlich. Er öffnet die Tür entschlossen und schließt sie schnell, nachdem Sie hinausgetreten sind.
Bedeutung: schlechtes Zeichen Man will Sie schnell loswerden und sich die Sache ohne Probleme vom Halse schaffen.

Sie werden rasch verabschiedet, der Chef schaut auf die Uhr, er scheint Zeitnot zu haben, alles geht sehr schnell, er ruft die Sekretärin herbei und lässt Sie hinausbegleiten.
Bedeutung: schlechtes Zeichen. Man will Sie schnell loswerden, täuscht Zeitnot vor, um sich nicht noch länger mit Ihnen beschäftigen zu müssen. Eine typische Hello-Goodbye-Geste.

Üben Sie im Alltag

Versuchen Sie, im Alltag einige der Gesten selbst anzuwenden. Sie können dann erleben, wie man sich dabei fühlt. Nach und nach lernen Sie so die Bedeutung der einzelnen Gesten kennen. Mit diesem Wissen finden Sie sich im Alltag sicherer und schneller zurecht.

Trainingsblock Kapitel 3

Bitte beantworten Sie die folgenden Fragen. Die Auflösung finden Sie im Anhang.

1. Was können Sie tun, wenn Sie bei dem Vorstellungsgespräch sehr nervös sind?
2. Nach dem Motto „Eigenlob stimmt“: Ist da eine Steigerung – nämlich etwas Übertreibung – nicht auch sehr gut?
3. Womit können Sie einen guten Eindruck machen?
4. Wie ist der typische Verlauf eines Vorstellungsgesprächs?
5. Worauf wird beim Gespräch der größte Wert gelegt?
6. Viele Bewerber fühlen sich unsicher. Was können Sie dagegen tun?
7. Selbstsicherheit ist einer der wichtigsten Faktoren in einem Vorstellungsgespräch. Wie können Sie zu mehr Selbstsicherheit gelangen?
8. Wie können Sie lernen, nonverbale Zeichen besser zu deuten?
9. An welchen nonverbalen Signalen erkennen Sie, dass Sie guten Chancen haben, weil Sie beim Gesprächspartner gut ankommen?
10. Was vermittelt Ihnen Ihr Gesprächspartner, wenn er die Hände in die Hüften stemmt?

Zusammenfassung

Oberstes Gebot beim Vorstellungsgespräch sind Ehrlichkeit und Natürlichkeit. Dem Interviewer ist klar, dass Sie als Bewerber nervös sind. Denken Sie jedoch daran, dass Sie bereits die erste Hürde, nämlich die Einladung zum Gespräch, geschafft haben. Das verleiht mehr Selbstsicherheit.

Kleiden Sie sich ordentlich und gepflegt sowie der Branche entsprechend, in der Sie sich beworben haben. Meist genügt gehobene Freizeitkleidung. Diskutieren Sie Ihre Gehaltsvorstellungen im Gespräch, eine Ausnahme bilden hier Berufsanfänger. Versuchen Sie nicht, den idealen Bewerber zu spielen. Zu wenige Fragen von Ihrer Seite machen einen ebenso schlechten Eindruck wie zu viele und überflüssige. Legen Sie Zielstrebigkeit an den Tag und informieren Sie sich über Fortbildungs- und Aufstiegsmöglichkeiten.

Oft drückt sich Unsicherheit in unpassend aggressivem Verhalten aus. Doch Angriff ist nicht die beste Verteidigung, sondern geht oft am Ziel, nämlich der Einstellung, vorbei. Sicherheit in Vorstellungsgesprächen können Sie trainieren. Dabei helfen die im Anhang genannten Bewerbungs- und Karriereberater, aber auch ein Kurs an der nächstgelegenen Volkshochschule. Bei ausgeprägter Unsicherheit empfiehlt sich ein spezielles psychologisches Training. Weitere psychologische Faktoren beim Vorstellungsgespräch sind die nonverbalen Informationen. Bereits an der Art der Begrüßung können Sie die psychologische Taktik des Gesprächs erkennen. Behalten Sie die Gestik Ihres Gegenüber im Auge, so erfahren Sie vieles über seine Einschätzung bezüglich Ihrer Eignung für die Stelle. Dies ist eine hilfreiche Orientierung, um eventuell bei der nächsten Frage besser bzw. anders zu parieren. Auch an der Form der Verabschiedung können Sie schon weitestgehend Ihre Chancen auf die Stelle ablesen.

4 Überraschungen sind gang und gäbe

Renate Schilling[1] hatte sich auf das Bewerbungsgespräch gut vorbereitet. Die Daten Ihres Lebenslaufs hatte die Krankenschwester im Kopf – komplett und lückenlos.

Sie war auf die wichtige Frage vorbereitet: „Warum haben Sie sich bei uns beworben?" Gekleidet war sie korrekt: nicht zu flott und nicht wie eine graue Karbolmaus. Ihrer Stärken und Schwächen war sie sich bewusst. Nicht ganz ohne Hintergedanken hatte sie kürzlich den Volkshochschulkurs „Bewerber-Training" besucht.

Beinahe lehrbuchmäßig absolvierte sie das Gespräch entspannt und selbstsicher. „Mein Gefühl sagte mir, dass ich alles richtig gemacht habe." Und dann kam am Schluss die Überraschung.

„Wir haben hier einen kleinen Test für Sie vorbereitet", sagte der Personalchef. „Sie haben eine halbe Stunde Zeit."

Sofort stieg der Adrenalinspiegel rapide an. „Der Test kam vollkommen unvorbereitet, niemand hatte mich vorgewarnt. Ich betrachte das als reine Schikane", meint Renate Schilling heute. „Außerdem waren die Aufgaben laienhaft zusammengestellt. Was der Test für eine Aussagekraft hat, möchte ich erst einmal wissen!"

Zusätzliche Verunsicherungen entstehen für Bewerber dann, wenn die Bewertungskriterien nicht erläutert werden. Zu einer fairen Bewerbung gehört auch ein faires Verhalten.

Seien Sie auf alles gefasst

Sicher ist eine Bewerbungssituation wie die oben geschilderte eher eine Ausnahme. Trotzdem muss man auf alles gefasst sein. In der heutigen Wirtschaft werden immer weniger feste Positionen vergeben. Die Konkurrenz – zumal bei Berufsanfängern – ist groß und dementsprechend hart sind die Auswahlkriterien.

---

[1] Name geändert.

Auch Stresstoleranz und Persönlichkeit werden getestet

Um tatsächlich den besten Bewerber auszuwählen, testen die Personalchefs neben anderen Eigenschaften auch die Persönlichkeit und die Stresstoleranz. Die entsprechenden Fragen zu diesem Thema finden Sie in Kapitel 12.

Nicht selten werden Anleihen bei den Aufgaben des Assessment-Center gemacht. So sind Reaktionstests bei den Personalchefs sehr beliebt. Es kann vorkommen, dass der Bewerber während des Vorstellungsgesprächs mit einigen provozierenden Bemerkungen oder gar Beleidigungen konfrontiert wird. Das alleinige Bewertungskriterium ist dabei die Reaktion des Bewerbers. Ideen, wie in der oben genannten Situation geschildert, werden aus Büchern über die bekannten und gefürchteten Stressinterviews entnommen und in etwas entschärfter Form auch in den normalen Vorstellungsinterviews eingesetzt.

Vor allem kleinere und mittlere Unternehmen experimentieren gerne mit solchen Methoden. Dort macht der Chef häufig noch die Interviews selbst, ohne speziell geschultes Personal hinzuzuziehen. Während Großunternehmen noch zögern, ist in der Werbe- und Medienbranche ein „Stresspaket" pro Interview bereits an der Tagesordnung.

Wie soll man sich auf eine solche Situation vorbereiten? Guter Rat ist da teuer. In diesem Buch werden einige Vorschläge für das richtige Verhalten gemacht. Ob dieses dann erfolgreich ist, hängt von den Vorstellungen des jeweiligen Interviewers ab. Am besten ist wohl der Vorschlag, zunächst zu prüfen, ob der Test überhaupt akzeptabel ist. Wenn Sie einen Test oder eine Prüfungsaufgabe als Zumutung einschätzen, sollten Sie den Mut haben und „Nein" sagen.

Stimmen Ihre Social Skills?

Eine weitere Variante der neuen Vorstellungsgespräche ist die Überprüfung so genannter „Social Skills", also der sozialen Kompetenzen und Umgangsformen. So kann es durchaus sein, dass man nach dem Interview zum Essen eingeladen wird. In solchen Situationen sollte man wissen, in welcher Reihenfolge das Besteck bei einem mehrgängigen französischen Menü benutzt wird oder wie man Hummer oder Austern isst. Manchmal wird auch ein Ausländer hinzugebeten. Dann könnte die Konversation in einer

Fremdsprache geführt werden. Sie sollten in außergewöhnlichen Situationen nicht die Nerven verlieren. Stehen Sie zu den Fähigkeiten, die Sie im Lebenslauf angegeben haben.

Fragen im Vorstellungsgespräch – Interviewer-Leitfaden

Zu den betriebsinternen Vorbereitungen eines Vorstellungsgesprächs gehört die Aufstellung eines Gesprächsplans. Dabei sind einige Vorarbeiten der Interviewer dringend erforderlich. Zunächst wird ein Interviewer-Leitfaden erstellt, wenn dieser nicht bereits von der Personalabteilung vorgegeben wird.

Je strukturierter ein Interview, desto größer seine Aussagekraft

Je strukturierter ein Interview durchgeführt wird, desto größer ist seine Aussagekraft. Zu diesem Ergebnis kommen immer mehr Unternehmensberater. Dies gilt sowohl im Hinblick auf den späteren Berufserfolg als auch im qualitativen Sinne im Hinblick auf die Leistungsbereitschaft und Motivation der ausgesuchten Bewerber. Strukturierte Interviews lassen sich zudem besser vergleichen als unstrukturierte. Werden nämlich allen Kandidaten dieselben wesentlichen Fragen gestellt, so sind die Antworten später leichter zu gewichten, um eine Gesamtbewertung zu erstellen.

Vor Beginn jedes Interviews wird deshalb ein Fragebogen erstellt. Die jeweiligen Antworten werden bewertet und in diesen Bogen eingetragen. Je näher die Antworten an den Anforderungen der ausgeschriebenen Stelle liegen, desto höher ist die Punktzahl.

Der Fragebogen dient dem Personalchef als Leitfaden bei der Gesprächsführung. Werden bestimmte wichtige Details nicht beantwortet, so wird er bei diesen Punkten nachhaken.

Wie sieht ein solcher Leitfaden aus? Als Beispiel finden Sie auf der nächsten Seite einen typischen „roten Faden“ für das Einstellungsinterview.

Interviewer-Leitfaden

z.B

Kriterium	Fragen	Bewertung nach Noten					
Ausbildungserfolg, bisherige berufliche Entwicklung	Schildern Sie kurz Ihren Werdegang.	1	2	3	4	5	6
Tätigkeitsspezifische Anforderungen	Wie wollen Sie die ausgeschriebene Position ausfüllen?	1	2	3	4	5	6
Eigenmotivation	Schildern Sie Ihre beruflichen Erfolge.	1	2	3	4	5	6
Arbeitsorganisation	Wie haben Sie bisher Ihre tägliche Arbeit eingeteilt?	1	2	3	4	5	6
Teamfähigkeit	Sind Sie mit Ihren Mitarbeitern und Vorgesetzten schon immer gut zurechtgekommen?	1	2	3	4	5	6
Problemlösung	Wie gehen Sie mit einem unvorhergesehenen Zwischenfall um?	1	2	3	4	5	6
Durchsetzungsvermögen	Schildern Sie, wie Sie vorgehen würden, um eine neue Idee in die Fertigung einzubringen.	1	2	3	4	5	6
Führungsneigung	Haben Sie bereits eine Arbeitsgruppe geleitet? Wie haben Sie sich dabei gefühlt?	1	2	3	4	5	6
Kommunikationsverhalten	Wie schätzen Sie Ihre kommunikativen Fähigkeiten ein?	1	2	3	4	5	6

(nach Burkhardt, Stobbe)

Dieser Leitfaden kann beliebig ergänzt werden. Zum Beispiel mit einer Liste von Persönlichkeitsvariablen, Stressverhalten, Motivation, Mut und Selbstsicherheit. Häufig wird man noch einen längeren Kommentar zum Gesamteindruck des Bewerbers hinzufügen.

Interviewer versuchen, die praktischen Erfahrungen des Bewerbers genau zu erfahren

Die Interviewer gehen dabei davon aus, dass das jeweilige Verhalten in der Vergangenheit auch das zukünftige Verhalten bestimmt. Interviewer versuchen deshalb, eine möglichst genaue Schilderung über Verhaltensweisen und Erfahrungen zu erlangen, die ein Bewerber in der Vergangenheit gemacht hat. Besonders die praktischen Erfahrungen sollten möglichst ausführlich und exakt beschrieben werden, also mit Orts- und Zeitangaben sowie mit den dazugehörenden Details.

Durch verschiedene Fragen wird das Gespräch gesteuert. Die Bereitschaft der Bewerber zur Kommunikation wird dabei vorausgesetzt.

Kommunikationsbereitschaft des Interviewten ist Voraussetzung

Vom Interviewer werden verschiedene Techniken angewandt. Es wird zwischen offener und geschlossener Fragestellung unterschieden, ebenso zwischen direkten und indirekten Fragestellungen.

Eine offene Fragestellung soll dem Bewerber möglichst viel Freiraum zur Antwort lassen. Er kann erzählen, was er gerade denkt.

Beispiel: „Wie ist es Ihnen denn bisher so im Berufsleben ergangen?“

Die geschlossene Fragestellung hingegen lässt zumeist nur die Antworten Ja und Nein zu.

Beispiel: „Erscheinen Sie morgens immer pünktlich am Arbeitsplatz?“

Direkte Fragen lassen den Sinn und Zweck der Fragestellung offensichtlich erkennen.

Beispiel: „Erklären Sie mir doch bitte, wie die Aufstellung eines Jahresbudgets erfolgt.“

Indirekte Fragen zielen eher auf die private Meinung des Bewerbers ab.

Beispiel: „Wie beurteilen Sie die Wachstumskapazitäten in unserer Branche?"

Mit Suggestivfragen will der Fragende Zustimmung erreichen

Suggestivfragen, um dieses Gebiet abzuschließen, legen eine bestimmte Antwort nahe, die als sozial erwünscht angesehen werden kann. Solche Fragen geben zumeist schon die Antwort vor oder erzwingen diese. Der Bewerber fühlt sich dadurch unter Druck gesetzt. Solche Fragestellungen werden immer wieder von den Interviewern eingesetzt, um bestimmte Zustimmungen zu erhalten.

Beispiel: „Sie werden mir sicher zustimmen, wenn ich sage, dass die Höhe der Lohnnebenkosten tödlich für den Industriestandort Deutschland ist?"

Ablauf eines Vorstellungsgesprächs

Fragen, die während eines Vorstellungsgesprächs gestellt werden, wiederholen sich eigentlich immer wieder, denn die Grundregeln des Gesprächs sind durch die Natur der Sache vorgegeben.
Der Ablauf eines Vorstellungsgesprächs richtet sich im Wesentlichen nach folgendem Schema:

z.B

Ablaufdiagramm einer Vorstellung

Einstieg in das Gespräch, so genannte Aufwärmphase

Fragen (Beispiele) Phase 1:

→ Wie war die Anreise?
→ Haben Sie uns gleich gefunden?
→ Haben Sie sich bereits ein Formular zur Reisekostenabrechnung geben lassen?

Einleitende Worte zur Selbstdarstellung und Ziel des Gesprächs

Aussagen (Beispiele) Phase 2:

→ Wir sind hier, um uns etwas besser kennen zu lernen.
→ Ich bin Ihr künftiger Vorgesetzter.
→ Unser Unternehmen wurde im Jahre 1941 gegründet.
→ In der Abteilung für Öffentlichkeitsarbeit ist der Posten des Sachbearbeiters seit drei Wochen vakant.

Selbstdarstellung des Bewerbers

Fragen (Beispiele) Phase 3:

→ Was haben Sie bisher gemacht?
→ Wie verlief Ihre berufliche Ausbildung?
→ Wo sehen Sie Ihre beruflichen Stärken?

Detailfragen zu wichtigen Themen

Fragen (Beispiele) Phase 4:

→ An Ihren Bewerbungsunterlagen ist uns Folgendes aufgefallen: ... Könnten Sie uns das näher erklären?
→ Ihr Werdegang weist folgende Lücke auf: ...; können Sie das erklären?

Rückfragen des Bewerbers

Fragen (Beispiele) Phase 5:

→ Wo liegt das zukünftige Büro?
→ Kann ich eventuell an einer Betriebsbesichtigung teilnehmen?
→ Könnte ich mit einem Kollegen sprechen?

Gesprächsabschluss

Aussagen (Beispiele) Phasen 6 und 7:

→ Zusammenfassend kann ich Ihnen schon jetzt sagen ...
→ Wir sollten weitere Schritte noch kurz klären.
→ Vielen Dank für Ihren Besuch.
→ Nehmen Sie noch an unserem Assessment-Center teil?

(nach Burkhardt, Stobbe)

Im nachfolgenden Teil dieses Buches werden wir alle hier genannten Gesprächspunkte nochmals durchgehen und im Detail – mit Fragen und Antworten – erläutern.

Trainingsblock Kapitel 4

Bitte beantworten Sie die folgenden Fragen. Die Auflösung finden Sie im Anhang.

1. Worin liegen Sinn und Zweck einer Überraschungstaktik?
2. Wie sollten Sie auf eine provokative Frage reagieren?
3. Sie haben sich als Vertreter für Frankreich beworben. Überraschenderweise lädt Sie der Personalchef zu einem Essen ein. Es werden u.a. Hummer, Muscheln und Seeschnecken serviert – Meeresfrüchte, die Sie bisher noch nie gegessen haben. Was tun Sie?
4. Wie sieht der Ablauf eines Vorstellungsgesprächs im Allgemeinen aus?
5. Warum werden Suggestivfragen gestellt?
6. Warum werden Fragen nach der Erfahrung eines Bewerbers so hoch eingeschätzt?
7. Welche Fragetechniken gibt es?
8. Was sollten Sie bei Ihrer Selbstdarstellung aufführen?
9. Was gehört auf jeden Fall zu den Fragen des Bewerbers, sofern diese Punkte nicht schon vorher erörtert wurden?
10. Welche Rückfragen bzw. Bitten des Bewerbers machen einen guten Eindruck?

Zusammenfassung

Die Konkurrenz auf dem Arbeitsmarkt ist groß und dementsprechend hart sind die Auswahlkriterien. Rechnen Sie daher von vornherein damit, dass Ihr Interviewer bei einem Vorstellungsgespräch die Überraschungstaktik einsetzt. Dies ist vor allem bei kleineren und mittleren Unternehmen sowie in der Werbe- und Medienbranche üblich. Es geht dabei meist darum, Ihre Persönlichkeit und Stresstoleranz zu testen. Prüfen Sie jedoch auch, ob der Test zumutbar ist. Gegebenenfalls sollten Sie den Mut aufbringen, nein zu sagen.

Denken Sie daran, dass dem Gespräch ein Interviewer-Leitfaden zugrunde liegt. Dieser folgt häufig dem Schema: Aufwärmphase, einleitende Worte zur Selbstdarstellung des Interviewenden, des Unternehmens und zum Ziel des Gesprächs, Selbstdarstellung des Bewerbers, Detailfragen (eventuell zu Lücken in den Bewerbungsunterlagen), Rückfragen des Bewerbers, Gesprächsabschluss.
Dieser Ablauf kann beliebig durch Tests der Persönlichkeitsvariablen, von Stressverhalten, Motivation und Selbstsicherheit ergänzt sein.

5 Tipps zur Gesprächs-vorbereitung

Jede Vorstellung, so unbedeutend sie auch sein mag, ist eine Art Persönlichkeitstest. Es ist gut, sich darüber im Klaren zu sein und sich richtig darauf einzustellen. Einige formale Tipps helfen Ihnen, die ersten Hürden zu nehmen, ohne zu stolpern.
Sie können diese Tipps auch als Grundlage für ein Rollenspiel verwenden, das Sie mit einem Partner oder einer Partnerin durchführen können.

Kleidung

Ihre Kleidung sollte sauber, modisch und nicht zu ausgefallen sein. Insbesondere müssen Sie darauf achten, dass die Kleidung Ihrem Beruf entspricht. Alle Varianten sind möglich, vom Anzug bis zur gehobenen Freizeitkleidung – je nach Beruf und Position.

Begründung:
Das Vorstellungsgespräch wird von beiden Seiten als ein erstes Kennenlernen angesehen, bei dem man versucht, herauszufinden, ob Sie in die Firma passen bzw. ob die Firma Ihren Vorstellungen entspricht. Passen Sie wirklich zueinander, stimmen gedankliche Vorstellung und Realität überein? Beide Parteien müssen sich zunächst einmal persönlich kennen lernen. Deshalb sollten Sie sich zwar von der besten Seite zeigen, sich aber keinesfalls in einer Kleidung präsentieren, die nicht Ihrem Stil und Ihrer Persönlichkeit entspricht. Ihr Kleidungsstil ist Ihre „äußere" Visitenkarte.

Make-up

Make-up sollte dezent und unaufdringlich sein.

Begründung:
Das Make-up soll vor allem die eigene Persönlichkeit unterstreichen. Dabei können mit dem Make-up kleine Unebenheiten der Haut ausgeglichen, Vorzüge betont und Nachteile kaschiert werden. Wichtig ist, dass das Make-up richtig aufgetragen wird und man keine starken, übertriebenen Farben verwendet.

Pünktlichkeit

Sie sollten bei der Anfahrt zum Vorstellungstermin etwas mehr Zeit einplanen, als Sie normalerweise für die Strecke benötigen. Rechnen Sie lieber mit Verspätung bei der Bahn, mit einem Stau auf der Straße etc. Unpünktlichkeit macht bei der Vorstellung immer einen äußerst schlechten Eindruck.

Begründung:
Pünktlichkeit ist eine Grundregel der Höflichkeit, die man nicht ohne wichtigen Anlass verletzen sollte. Wer schon beim ersten Mal unpünktlich ist, hinterlässt einen schlechten Eindruck.

Verschiedene Personen befragen

Während Sie auf den Personalchef warten, bietet sich Ihnen vielleicht eine Gelegenheit, sich mit einem Mitarbeiter in der Firma zu unterhalten, zum Beispiel mit der Sekretärin oder einem Sachbearbeiter.

Begründung:
Schon ein paar interne Informationen über den Betrieb helfen Ihnen weiter. Wie ist das Betriebsklima? Was gibt es an Interna zu berichten? Das alles kann sich zu einem Puzzle zusammensetzen. Auf diese Weise erhalten Sie weitaus mehr Einsicht in den Betrieb als über offizielle Kanäle.

Interesse zeigen

Es ist durchaus möglich, dass Sie sich furchtbar langweilen, wenn man Ihnen zum x-ten Mal eine Werkshalle zeigen will. Nur sichtbar sollte Ihre Langweile nicht werden. Stellen Sie trotzdem Fragen und hören Sie interessiert zu.

Begründung:
Man sucht einen Mitarbeiter, der nicht nur an der Höhe des Gehalts interessiert ist, sondern auch an der Art der Tätigkeit, der Produktion etc. Sie sollten also nicht denken „So etwas sehe ich jeden Tag", sondern die Chance nützen, Ihren neuen Arbeitgeber besser kennen zu lernen. Zu guter Letzt gewinnen Sie als interessierter Zuhörer auch das Vertrauen des Leiters, dem Sie ein großes Interesse signalisieren – sowohl an ihm als auch an der Firma, in der Sie beschäftigt werden möchten.

Bewerbungsunterlagen komplettieren

Wenn Sie am Tage des Vorstellungsgesprächs feststellen, dass Ihnen wichtige Unterlagen fehlen, ist es oft schon zu spät, diese noch auf die Schnelle zu beschaffen. Welche Papiere für das Gespräch nötig sind, wird meist im Einladungsschreiben aufgeführt. Generell sollten Sie folgende Unterlagen bereithalten:

→ Personalausweis (für die Pforte)
→ Einladungsschreiben
→ Originalzeugnisse (wenn verlangt)
→ Präsentationsmappe (für Ingenieure, Künstler, PR, Architekten)
→ Letzter Gehaltsauszug (für alle Fälle, wenn das neue Gehalt aufgrund des letzten ausgehandelt wird)
→ Eventuell Lohnsteuerkarte

Begründung:
Auch Personalchefs sind Menschen und können vergesslich sein. Möglicherweise hat auch die Sekretärin, die die Einladung schrieb, nicht daran gedacht, Sie zu informieren, dass Sie noch bestimmte Unterlagen zum Gespräch mitbringen sollten. Sie machen einen positiven Eindruck, wenn Sie die gewünschten Unterlagen trotzdem dabei haben. Damit gewinnen Sie mit Sicherheit viele Pluspunkte.

Mentale Vorbereitung

Bewerbungsgespräche sind nicht einfach. Sie sollten sich bereits lange vor dem Termin auf dieses Gespräch einstellen. Am besten ist es, wenn Sie unterschiedliche Situationen im Rollenspiel üben. Zwar werden Sie niemals genau den Verlauf des tatsächlichen Vorstellungsgesprächs treffen, aber Sie werden eine sehr viel größere Sicherheit im Gesprächsverhalten gewinnen.

Begründung:
Übung macht den Meister. Wenn Sie sich mental und verbal auf ein Vorstellungsgespräch vorbereiten, erlangen Sie Sicherheit und Selbstvertrauen. Diese Selbstsicherheit strahlen Sie dann auch während des Gesprächs aus. Sie fühlen sich wohl und vermitteln dem Personalchef, dass Sie unangenehme und unerwartete Situationen gut meistern können.

Positive Grundeinstellung

Versuchen Sie, sich innerlich vorzustellen, dass Sie die Stelle ganz sicher erhalten werden.

Begründung:
Die auf diese Weise gewonnene Sicherheit (s.o.) strahlt aus und überzeugt selbst Interviewer, die Ihnen nicht geneigt sind, davon, dass nur Sie der richtige Mann oder die richtige Frau für diese Stelle sind.

Machen Sie einen Vorbereitungskurs

Viele Volkshochschulen bieten Kurse für das Bewerbungstraining an. Dort werden nicht nur erfolgreiche Methoden für eine schriftliche Bewerbung vermittelt, sondern auch die wichtigsten Verhaltensregeln für die persönliche Vorstellung trainiert.

Begründung:
Wenn Sie wirklich überzeugend wirken wollen, müssen *Sie von sich* überzeugt sein. Übung verleiht Ihnen Routine und genau die erhalten Sie bei einem solchen Vorbereitungskurs.

Entspannungstraining

Machen Sie vor dem Vorstellungsgespräch eine kurze Entspannungsübung. Sie werden das Gespräch konzentrierter führen können und deshalb erfolgreicher sein.

Begründung:
Bewusste Entspannung macht Sie aufnahmebereit und lässt Sie deutlich schneller reagieren. Gezielte Entspannung verbessert die geistige Leistungsfähigkeit, was sich positiv auf das Gespräch auswirkt. So können Sie Verhandlungen erfolgreicher und zielbewusster führen.

Der optimale Bewerber

Wie stellt sich ein optimaler Bewerber vor? Versuchen Sie, diesen Gedanken in geistige Bilder zu fassen. Stellen Sie sich diese Bilder so oft wie möglich vor. Je näher Sie in der Praxis diesem Ziel, also Ihren Bildern, kommen, desto besser.

Begründung:
Der Vorstellung folgt die Handlung. Sehen wir uns die Situation einmal an: Wenn Sie verzweifelt sind, ist der Posten, um den Sie sich nun bewerben, Ihr letzter Rettungsanker – nach einer Reihe von Misserfolgen. Wie werden Sie sich verhalten? Werden Sie etwa nach jedem negativen Satz des Personalchefs in Tränen aus-

brechen? So bekommen Sie den Posten sicher nicht. Anders sieht es aus, wenn Sie denken, dass nur Sie der optimale Mann oder die optimale Frau für diese Position sind. Ihre feste Überzeugung und die innere Sicherheit, die Sie ausstrahlen, wirken auf Ihren Gesprächspartner. Höchstwahrscheinlich wird er Ihre Meinung langsam, aber sicher übernehmen.

Lampenfieber

Zeigen Sie möglichst keine Ängste und Unsicherheiten. Versuchen Sie, durch interessiertes Zuhören und durch Fragen Ihre innere Unruhe wegzuschieben, konzentrieren Sie sich auf das Gespräch.

Begründung:
Verängstigte und unsichere Personen passen nicht in das Personalgefüge eines modernen Betriebs. Selbst wenn Sie versuchen, die Angst durch überaus höfliches und zuvorkommendes Verhalten zu überdecken, können Sie sie nicht ganz kaschieren.
Der Interviewer bemerkt Ihre Schwäche und geht möglicherweise sogar darauf ein. Wenn Sie von übergroßen Ängsten geplagt werden, sollten Sie ein Selbstsicherheitstraining in Erwägung ziehen.

Trainingsblock Kapitel 5

Bitte beantworten Sie die folgenden Fragen. Die Auflösung finden Sie im Anhang.

1. Warum ist die Kleidung so wichtig?
2. Wie sieht die ideale „Vorstellungskleidung" aus?
3. Was tun, wenn man sich beim Vorstellungstermin verspätet?
4. Warum sollten Sie eine Betriebsbesichtigung nicht ablehnen, obwohl Sie derartige Betriebe schon x-mal gesehen haben?
5. Warum ist ein Gespräch mit Mitarbeitern der künftigen Firma so nützlich?
6. Welche Unterlagen sollten Sie zum Gespräch mitbringen?
7. Was kann die mentale Vorbereitung auf das Gespräch bewirken?
8. Sie haben Schwierigkeiten, sich den Gesprächsverlauf vorzustellen, Sie haben auch keinen Partner für ein Rollenspiel. Wo können Sie lernen, sich richtig oder besser vorzubereiten?
9. Was tun bei Lampenfieber?
10. Was können Sie tun, um gelassen in das Gespräch zu gehen?

Zusammenfassung

Wenn Sie sich auf ein Vorstellungsgespräch gründlich vorbereiten wollen, bedarf das einer Menge Zeit und Übung. Beginnen Sie rechtzeitig damit, denn es ist nicht gut, wenn Sie unter Zeitdruck stehen.

Die Vorbereitung der einzelnen Techniken erfordert ein gewisses Maß an Training. Gehen Sie systematisch vor. Schreiben Sie auf, welche Unterlagen Ihnen fehlen, wo Sie Schwachpunkte haben, was Sie trainieren sollten. Arbeiten Sie Ihre Defizite anhand dieser Liste auf.

Verlangen Sie sich keine Höchstleistungen ab, versuchen Sie, Ihr Bestes zu geben, und glauben Sie an sich selbst. Sie sollten davon überzeugt sein, dass Sie sicher einen Arbeitsvertrag bekommen werden. Wenn es diesmal nicht klappt, haben Sie eine umso größere Chance bei der nächsten Bewerbung.

6 Fragen am Telefon

Wenn Sie als Bewerber oder als Bewerberin einen Betrieb kontaktieren, dürfen Sie nicht vergessen, dass Sie es sind, der dem Betrieb bei der Lösung seiner Probleme helfen kann.
Sie sollten sich deshalb nicht ausschließlich in der Rolle eines Bittstellers sehen. Sie haben schließlich ebenfalls etwas anzubieten, nämlich Ihre Berufserfahrung und Ihre Arbeitskraft.
Trotzdem kann der Kontakt am Telefon sehr schnell beendet sein, wenn nicht einige Regeln beachtet werden. Ein vorzeitiges Gesprächsende liegt nicht in Ihrem Interesse. Deshalb sollten Sie sich auf ein Kontaktgespräch am Telefon sorgfältig vorbereiten. Unerlässliche Voraussetzungen hierzu sind:

Bereiten Sie das Telefonat sorgfältig vor

Telefonkontakte

!

→ Selbstsicherheit am Telefon
→ intensive Vorstellungs- und Überzeugungskraft
→ klare Stimme, nicht zu hohe Stimmlage
→ deutliche Aussprache
→ knappe, klare Formulierung des Anliegens
→ Informationen über die eigenen Fähigkeiten
→ Informationen über den eigenen Marktwert
→ aktueller Arbeitsmarktüberblick
→ Grundinformationen über das kontaktierte Unternehmen

Am Telefon müssen Sie in der Lage sein, Ihre Qualifikationen sehr genau zu beschreiben. Eine Voraussetzung dafür ist, dass Sie Kenntnisse des derzeitigen Standes der Technik in Ihrer Branche besitzen.

Branchenkenntniss ist Voraussetzung

Legen Sie sich Ihre Unterlagen neben das Telefon

Häufig werden Sie am Telefon nach dem beruflichen Werdegang befragt. Dazu ist es erforderlich, dass Sie Ihre Arbeitszeugnisse und Unterlagen direkt neben dem Telefon liegen haben. Ihr Vorstellungsgespräch per Telefon wird dadurch wesentlich erleichtert.

Einstiegsfragen

Verlangen Sie den richtigen Ansprechpartner

Versuchen Sie zunächst, an den richtigen Mann bzw. an die richtige Frau zu kommen. Sehr häufig wird bereits in der Stellenanzeige ein Sachbearbeiter genannt, der die telefonische Vorauswahl für die ausgeschriebene Position trifft. Lassen Sie sich mit ihm verbinden.

Fragen Sie, ob Sie zum geeigneten Zeitpunkt anrufen

Wie sehen nun mögliche Fragen im Einzelnen aus? Zunächst werden Sie den Gesprächspartner begrüßen. Verwenden Sie die ortsübliche Begrüßungsformel „Guten Tag" im Bundesgebiet und „Grüß Gott" in Baden-Württemberg und Bayern. Danach sollten Sie sich vorstellen, wobei Sie mit „Störe ich?" oder „Haben Sie Zeit für mich?" abklären sollten, ob Sie zu einem geeigneten Zeitpunkt anrufen. Diese Frage sollten Sie immer stellen, wenn Sie in einer Firma anrufen.

So sollten Sie am Telefon empfangen werden

Hier möchte ich noch ein paar Kriterien nennen, die Ihnen die Beurteilung einer Firma erleichtern.

!

Telefonkontakte: positive Merkmale

→ Bei Ihrem Anruf wird rasch abgehoben, schon nach dreimaligem Läuten.

- → Die Sekretärin meldet sich klar und deutlich, wobei sie sowohl ihren eigenen Namen als auch den Firmennamen nennt.
- → Ihr Name wird im Gespräch wiederholt, und Sie werden persönlich angesprochen.
- → Die Sekretärin hat gute Laune und meldet sich nett und freundlich.
- → Das Kommunikationstempo ist mittelschnell und die Aussprache deutlich. Es wird fast kein Dialekt gesprochen.
- → Ihre Anfragen werden sachlich korrekt und freundlich beantwortet.
- → Sie werden, wenn nötig, an die richtige Stelle weitervermittelt.
- → Rückrufe erfolgen innerhalb der vereinbarten Frist.

Telefonkontakte: negative Merkmale

!

- → Man lässt Sie lange in der Leitung hängen.
- → Der zuständige Sachbearbeiter wird nicht gefunden.
- → Sie werden nicht weitervermittelt und müssen erneut anrufen.
- → Man weiß nicht Bescheid; Sie werden „herumgereicht".
- → Ihre Fragen werden nicht ausreichend beantwortet.
- → Es wird ein starker Dialekt gesprochen.
- → Rückrufe erfolgen erst spät oder gar nicht.

Schon der erste Eindruck muss positiv sein

Die folgenden Punkte sollten Sie sich für Ihre eigene Gesprächsführung merken. Sie sind wichtig, damit schon der erste Eindruck beim Sachbearbeiter positiv ist.

Begrüßung

!

- → Geben Sie Ihren Namen und eventuell Ihren Beruf an.
- → Teilen Sie mit, wen Sie zu sprechen wünschen.
- → Nennen Sie deutlich Ihr Anliegen.
- → Überlegen Sie vorher, wie Sie dieses Anliegen vorbringen.
- → Machen Sie im Voraus einige „Trockenübungen".

So könnte der erste Kontakt aussehen

- → „Guten Tag, ich habe in der ZEIT Ihre Anzeige gelesen. Es handelt sich um eine Stellenausschreibung als Elektrotechniker. Störe ich?"
- → „Bin ich richtig mit Herrn Tietzsch verbunden?"
- → „Entschuldigung, haben Sie Zeit für mich?" „Ja." „Ich möchte mich auf Ihre Anzeige in der ZEIT vom 14.11. beziehen."
- → „Ihr Name wurde in der ZEIT als Personalsachbearbeiter genannt. Ist die Stelle des Elektrotechnikers noch frei?"

Ist der erste Kontakt gut verlaufen, wird man Ihnen nun einige Fragen stellen.

Der weitere Gesprächsverlauf

Das Anforderungsprofil wird abgefragt

Zunächst möchte der Sachbearbeiter wissen, ob Sie dem in der Anzeige genannten Anforderungsprofil entsprechen. Er wird deshalb die dort genannten Vorgaben der Reihe nach abfragen.

Fragen der Firma

- → „Darf ich fragen, wie alt Sie sind?"
- → „Schildern Sie kurz Ihre Berufserfahrungen auf dem Gebiet der Elektrotechnik?"
- → „Können Sie mir kurz Ihre Zeugnisse nennen?"
- → „Wann könnten Sie bei uns anfangen?"
- → „Kann ich Ihre Unterlagen kurzfristig bekommen?"
- → „Haben Sie sich schon früher bei uns beworben?"

Ihre Antworten

→ Beantworten Sie die Fragen wahrheitsgemäß. Nur so kann der Sachbearbeiter entscheiden, ob er Sie in die Vorauswahl nehmen soll oder nicht. Früher oder später müssen Sie die Kopien Ihrer Originalzeugnisse vorlegen. Wenn diese nicht mit Ihren Aussagen übereinstimmen, ist das für Sie von Nachteil.

→ „Ja, ich kann Ihnen meine Unterlagen umgehend zustellen."

→ „Ich habe in mehreren Firmen der Elektrobranche gearbeitet."

→ „Meine Zeugnisse kann ich Ihnen kurz nennen. Ich habe sie hier neben dem Telefon liegen."

Überprüfen Sie, ob sich eine schriftliche Bewerbung lohnt

Ihr Gesprächspartner hat nun die wichtigsten Informationen erhalten und kann entscheiden, ob Sie sich schriftlich bewerben sollten oder nicht. Möglicherweise kann er diese Entscheidung nicht sofort treffen. Es liegt nun auch an Ihnen, herauszufinden, inwieweit die ausgeschriebene Position Ihren Wünschen gerecht wird und ob sich eine schriftliche Bewerbung lohnt. Vielleicht sind noch Fragen offen. Lassen Sie sich in einem solchen Fall weitervermitteln oder vereinbaren Sie zu einem späteren Zeitpunkt einen weiteren Telefontermin.

Trainingsblock Kapitel 6

Bitte beantworten Sie die folgenden Fragen. Die Auflösung finden Sie im Anhang.

1. Wie bereiten Sie sich für einen Anruf bei einer Firma vor?
2. An wen sollen Sie sich wenden?
3. Welche Fragen können Sie telefonisch abklären?
4. Was ist bei einem Telefongespräch wichtig?
5. Worauf sollten Sie großen Wert legen?
6. Wenn Sie den zuständigen Sachbearbeiter am Apparat haben: Wie sollten Sie das Gespräch beginnen?

7. Welches sind positive Anzeichen während des Gesprächs?
8. Welche Merkmale sollten Sie bei einer Firma besonders kritisch betrachten?
9. Warum hilft eine „geschönte" Aussage über die eigene Tätigkeit bzw. die eigenen Fähigkeiten am Telefon nicht?
10. Wie können Sie ein vorzeitiges Ende des Telefonkontakts vermeiden?

Zusammenfassung

Auch beim ersten telefonischen Kontakt mit einer Firma spielt Ihre Selbstsicherheit eine große Rolle: Bedenken Sie, dass nicht nur Sie etwas von dem Unternehmen wollen. Sie haben auch etwas anzubieten, nämlich Ihre beruflichen Qualifikationen, Erfahrungen und Ihre Arbeitskraft. Lassen Sie sich direkt mit dem Ansprechpartner, der für die Stellenausschreibung zuständig ist, verbinden. Erkundigen Sie sich, ob dieser gerade Zeit hat. Berufen Sie sich auf die Quelle der Stellenausschreibung. Um sicher und genau über ihre Qualifikationen Auskunft zu geben, ist es hilfreich, Arbeitszeugnisse und entsprechende Unterlagen neben dem Telefon griffbereit zu haben. Achten Sie auch darauf, wie Sie am Telefon behandelt werden, und überdenken Sie nach dem Telefonat, ob es ein geeigneter Arbeitsplatz für Sie wäre.

7 Fragen zum Gesprächseinstieg

Für diesen praktischen Teil des Buches habe ich typische Fragen aus über tausend Vorstellungsgesprächen ausgewählt. Zu diesem Zweck wurden mit Einwilligung der Teilnehmer, also Interviewer und Bewerber, Tonbandprotokolle erstellt und ausgewertet. Insgesamt nahmen 32 Firmen an dieser Untersuchung teil. Neben den Fragen erhalten Sie auch Vorschläge für die Antworten. Letztere sollten Sie im Hinblick auf die individuelle Situation und die eigene Bewerbung sinnvoll abwandeln. Ich habe weiterhin versucht, eine Begründung für die Antworten zu liefern und zu erläutern, warum diese von mir vorgeschlagenen Alternativen sinnvoll sein könnten.

Neue Erfahrungen

Natürlich gehe ich gerne auf Ihre Argumente ein, wenn Sie meinen, dass die eine oder andere Antwort besser sein könnte. Wenden Sie sich zu diesem Zweck an meine Kontaktadresse, die im Serviceteil genannt ist. Scheuen Sie sich nicht, mir Ihre Meinung zu sagen. Ich bin dankbar für Anregungen und Tipps.

Die Fragen sind nach ihrer Häufigkeit geordnet, d.h., Fragen, die in den genannten Vorstellungsgesprächen sehr häufig vorkamen, werden als erste behandelt. Beachten Sie aber auch die seltener gestellten Fragen, sie können im Zweifelsfall entscheidend sein.

Einstiegsfragen

Aufwärmphase

Als Einstiegsfragen werden im Allgemeinen immer dieselben Formeln verwendet. Sie sollten diese Fragen einerseits wahrheitsgemäß beantworten, andererseits sollten berechtigte Einwände nicht zu massiv sein. Suchen Sie einen goldenen Mittelweg.

z.B

Aufwärmphase: Frage- und Antwortbeispiele

F: „Wie war Ihre Anreise?“
A: „Die Anreise war gut und vorzüglich organisiert.“

F: „War der Stau heute Morgen schlimm?“
A: „Nein, er war nicht schlimmer als sonst, nur hat er mich heute besonders genervt.“

F: „Haben Sie uns gleich gefunden?“
A: „Nein, um ehrlich zu sein, ich habe mich dreimal verfahren.“

F: „Wie gefällt Ihnen unser Betrieb?“
A: „Sehr gut, ich denke, dass ich mich hier wohl fühlen könnte.“

F: „Wie war Ihr erster Eindruck?“
A: „Mein erster Eindruck ist ausgesprochen positiv.“

F: „War die Reiseskizze richtig?“
A: „Die Skizze war ehrlich gesagt ein wenig verwirrend.“

F: „Wir hoffen, dass Sie eine angenehme Reise hatten.“
A: „Vielen Dank für die Nachfrage, ja, die Reise ist angenehm verlaufen.“

F: „Sind Sie an der Pforte zuvorkommend empfangen worden?“
A: „Na, ich muss schon sagen, der Pförtner war etwas ruppig.“

F: „Haben Sie unser Fax noch rechtzeitig erhalten?"
A: „Nein, wahrscheinlich war ich schon unterwegs."

F: „Waren Sie mit der Unterkunft (mit dem Hotel) zufrieden?"
A: „Ja, das Hotel ist sehr empfehlenswert."

F: „Wurden Sie von unserem Fahrer abgeholt?"
A: „Nein, ich bin mit dem Taxi gekommen."

F: „Ist Ihre Frau mitgekommen?"
A: „Nein, meine Frau musste leider zu Hause bleiben, um unsere drei Kinder zu betreuen."

F: „Fühlen Sie sich heute wohl?"
A: „Ja, ich fühle mich heute sehr wohl."

F: „Hatten Sie eine anstrengende Fahrt?"
A: „Nein, die Anfahrt war angenehm."

Anschlussfragen

Weiterer Gesprächsverlauf

In der weiteren Einstiegsphase werden von den Interviewern gerne offene Fragestellungen verwendet. So beginnen Fragen dieser Art immer mit einen Fragefürwort, also mit „was, wer, warum, wozu". Beispiele für diese Fragestellungen finden Sie weiter unten. Antworten Sie auf diese Fragen sehr offen und frei.

Anschlussfragen: Frage- und Antwortbeispiele

z.B

F: „Was hat Sie zu uns geführt?"
A: „Ihre Firma hat in der Branche einen guten Ruf. Als ich Ihre Anzeige sah, habe ich die Chance beim Schopf ergriffen."

F: „Wer hat Sie auf unsere Anzeige aufmerksam gemacht?"
A: „Eine Kollegin hat Ihre Anzeige in der Süddeutschen Zeitung gesehen."

F: „Warum haben Sie sich gerade bei uns beworben?"
A: „Ich bin, um ehrlich zu sein, sehr karrierebewusst und erfolgsorientiert. Ich denke, dass ich mit diesen Eigenschaften bei Ihnen am besten aufgehoben bin."

F: „Wozu haben Sie uns außer Ihrer Bewerbung auch noch einen Fotoband geschickt?"
A: „Ich möchte Ihnen gerne ein umfassendes Bild meiner bisherigen Tätigkeit vermitteln."

Machen Sie einen interessierten Eindruck

Offene Fragen zum Gesprächsbeginn werden häufig beim ersten Kontakt gestellt. Sie dienen dazu, den Bewerber oder die Bewerberin selbstsicherer zu machen. Eigentlich kann man gar keine falschen Antworten geben. Solche Fragen dienen außerdem dazu, herauszufinden, ob Sie die gewünschten Qualifikationen mitbringen. Ihre Gesprächspartner sollten den Eindruck erlangen, dass Sie sich sehr für Ihren Beruf interessieren und dass Ihnen diese Stelle sehr wichtig ist.

Rhetorik und nonverbale Kommunikation

Als qualifizierter Bewerber müssen Sie sich spätestens in der ersten Phase des Vorstellungsgesprächs die Frage stellen: „Wie kann ich meine Qualifikationen so anbieten, dass der potenzielle Arbeitgeber sie versteht, in mir einen Gewinn für die Firma sieht und mich deshalb einstellt?"

Auf die Details kommt es an

Sie können viel theoretisches Wissen mitbringen, trotzdem zeigt sich in der Praxis, dass viele Bewerber den kommunikativen Teil, nämlich die eigenen Fähigkeiten richtig darzustellen, unvollständig beherrschen. Es kommt auf Details an. Oft wird der richtige Ton nicht gefunden oder Botschaften der Körpersprache werden nicht richtig verstanden. Wenn Sie sich trotz nachgewiesener hoher fachlicher Kompetenz unsicher in der Gesprächsführung fühlen, können Ihnen die nachfolgenden Tipps helfen, Sicherheit zu erlangen.

Selbsteinschätzung

So wenig wie Tests objektiv sind, so wenig ist auch ein Vorstellungsgespräch objektiv. Wenn Sie also zu einem Gespräch eingeladen werden, ist es enorm wichtig, wie Ihre Botschaft beim Zuhörer ankommt.

Real ist, was realistisch demonstriert wird

Sie sollten von sich selbst überzeugt sein. „Real ist, was realistisch demonstriert wird." Gehen Sie von diesem Grundsatz aus. Sie müssen zunächst von der eigenen Sache überzeugt sein, bevor Sie Ihre Meinung vor anderen vertreten können.
Wenn Sie innerlich davon überzeugt sind, dass Sie den Job nicht machen möchten, sich aber trotzdem bewerben, dann wird das Ihr Gegenüber spüren. Unsichere Formulierungen, unechte Gesten etc. hinterlassen beim Empfänger die Botschaft, dass Ihr Anliegen nicht echt ist. So haben Sie kaum eine Chance, zu überzeugen.

Lassen Sie Stellenangebote, die Sie nicht wirklich annehmen wollen, besser fallen. Sie ersparen sich eine Enttäuschung.

Folgende Vorschläge für Ihr Verhalten sollen Ihnen helfen, Ihre rhetorischen Fähigkeiten zu steigern. So bekommen Sie jedes Gespräch besser in den Griff.

Setzen Sie Ihre rhetorischen Fähigkeiten gezielt ein

Es kommt nicht darauf an, ständig zu reden und die Interviewer nicht zu Wort kommen zu lassen. Sie sollten vielmehr Ihre rhetorischen Fähigkeiten gezielt, selektiv und bewusst einsetzen können.

Sprechen Sie richtig

Legen Sie Gesprächspausen ein

Ein Grundsatz erfolgreicher Rhetorik ist, richtig zu sprechen. Damit können Sie Ihre Interviewer fesseln und überzeugen. Verändern Sie immer wieder einmal das Sprechtempo und die Lautstärke Ihrer Stimme. Setzen Sie ganz bewusst Gesprächspausen. Langsames und deutliches Sprechen vermittelt Ihren Gesprächspartnern, in Ihnen einen kompetenten Bewerber vor sich zu haben. Wichtig sind Pausen, die Sie vor und nach gewichtigen Argumenten machen sollten.
Um diese Art der Gesprächsführung zu üben, empfehle ich Ihnen das laute Lesen von Texten und das Üben im Rollenspiel zusammen mit einem Partner oder einer Partnerin.

Achten Sie auf Ihre Körpersprache

Setzen Sie Körpersprache bewusst ein

Die Körpersprache spielt beim Vorstellungsgespräch eine wichtige Rolle. Sie ist ein Instrument, das Sie einsetzen müssen, um die Gegenseite zu überzeugen.
Wenn Sie Ihre Körpersprache bewusst einsetzen, dann können Sie damit Argumente unterstützen, können beispielsweise durch dynamisches Auftreten einen positiven Eindruck hinterlassen.
Das beginnt bereits mit der Begrüßung im Büro. Ein energischer, fester Händedruck kann dem Personalchef signalisieren, dass er es mit einem selbstbewussten Bewerber zu tun hat, der weiß, was er will. Vielleicht sollten Sie sich die Wirkung eines selbstbewussten Auftretens ab und zu ins Gedächtnis rufen, damit Sie sich entsprechend verhalten können.

Wenn Sie mit verschränkten Armen und breitbeinig vor den Interviewern stehen, dann vermittelt diese „geschlossene" Körperhaltung einen abwehrenden Eindruck. Sie wirken intolerant und abweisend, auch wenn dies nicht zutrifft.
Wenn Sie mit hängenden Schultern und gesenktem Kopf das Büro betreten, so wirken Sie mit einer solchen Körperhaltung nicht sehr überzeugend. Mit dieser „Verlierergeste" hinterlassen Sie den Eindruck, dass Sie den gestellten Aufgaben nicht gewachsen sind bzw. dass Sie den Job eigentlich gar nicht verdienen.

Unterstreichen Sie Ihre Argumente mit einer natürlichen Gestik

Stellen Sie sich deshalb offen vor die Interviewer. Unterstreichen Sie Ihre Argumente mit natürlich wirkenden Gesten. Sehen Sie Ihren Gesprächspartnern in die Augen. Wenn Sie das nicht können, fixieren Sie einen Punkt in der Mitte der Stirn Ihres Gegenübers. Psychologische Untersuchungen haben ergeben, dass kein Mensch zu unterscheiden vermag, ob Sie ihm tatsächlich in die Augen oder nur auf die Stirn sehen.

Ein Lächeln lockert die Atmosphäre auf

Halten Sie Blickkontakt mit Ihren Gesprächspartnern und versuchen Sie ruhig auch einmal zu lächeln. Humor hat außerdem noch nie geschadet. Vielmehr entspannt ein Lächeln die Situation und schafft eine angenehme Atmosphäre. Sie werden lockerer und wirken deshalb ungezwungener und freier.

Üben Sie zu Hause vor dem Spiegel so lange, bis Ihr Lächeln ungezwungen erscheint und Ihr Lachen natürlich klingt. Verwenden Sie für die Lachübung ein Tonbandgerät.

Akzeptieren Sie Ihre Angstgefühle

Beinahe jeder Mensch hat Angstgefühle, wenn er sich einer Kommission stellen muss. Sie kennen sicher die Symptome: Herzklopfen, feuchte Hände, trockener Mund, raue Kehle, Hustenreiz und ein flaues Gefühl in der Magengegend.
Es nützt nur wenig, sich mit dem Gedanken vertraut zu machen, dass es Ihren Mitbewerbern nicht viel besser ergeht. Viel wichtiger

ist, zu erfahren, wie Sie dieses Problem in den Griff bekommen können.

So bekommen Sie Ihre Angst in den Griff

Ein besonders effektiver Weg ist die Entspannung. Es gibt verschiedene Methoden, zum Beispiel die progressive Muskelentspannung oder das autogene Training. Für welche Methode Sie sich auch entscheiden, der Erfolg wird nicht lange auf sich warten lassen. Entspannt und innerlich frei haben Sie viel größere Erfolgschancen. Alle Entspannungsmethoden erfordern ein gewisses Maß an Training. Entspannungsmethoden lassen sich leicht erlernen, entweder in Kursen oder auch mit Kassetten.[1]

Kurzentspannung während des Gesprächs

Die Entspannungstechniken bestehen darin, durch Übung Geist, Seele und Körper zu einer so genannten „Kurzentspannung" kommen zu lassen. Wenn Sie merken, dass Ihre innere Unruhe, Angst und Beklommenheit stärker werden, schalten Sie einfach eine kurze Entspannungsphase ein. Damit können Sie das Entstehen einer unkontrollierbaren Angst verhindern. Solche kurze Entspannungsphasen können Sie durchführen, ohne dass Ihr Gegenüber dies bemerkt. Er wird Ihre Entspannung eher als Gesprächspause registrieren, was sich positiv auswirken kann.

Angst in Motivation umwandeln

Ein weiterer Ansatz zur Vermeidung von Sprechangst vor einer Kommission ist die Anwendung der rational-emotiven Therapie. Hierbei müssen Sie sich die gesamte Situation vor Augen führen und akzeptieren, dass jede Ihrer Reaktionen – auch die Angst – wichtig ist und dazu dient, das Vorstellungsgespräch positiv zu beenden. Ihre Angst kann in Motivation und Ansporn umgewandelt werden.

Sie sollten nicht versuchen, Vorstellungssituationen zu vermeiden. Im Gegenteil, je öfter Sie sich bewerben, umso besser sind Ihre Chancen und umso größer ist der Gewinn, den Sie aus einer nicht erfolgreichen Vorstellung ziehen können. Mit jeder Bewerbung wächst Ihre Selbstsicherheit.

---

[1] Für Einsteiger besonders gut geeignet ist etwa die Kassette von Barbara Spachtholz: Autogenes Training für jedermann, mvg-verlag.

Argumente richtig einsetzen

Oftmals werden Sie die Erfahrung machen, dass Ihnen die Argumente ausgehen, wenn Sie zu Beginn eines Gesprächs schon alles gesagt haben. Sie verfallen dann leicht in den Fehler, vieles zu wiederholen. „Das wissen wir alles schon“, wird die folgerichtige Antwort der Interviewer sein. Vermeiden Sie den Fehler, schon bei den ersten Fragen alle Argumente aufzuzählen. Wenn Sie das tun, überfordern Sie zum einen Ihre Gesprächspartner und zum anderen fordern Sie Situationen heraus, die für Sie sehr unangenehm werden können.

Verschießen Sie nicht schon zu Anfang Ihr ganzes Pulver

Wenn es dann um die eigentliche Entscheidung geht, bleiben keine Argumente mehr und Sie stehen mit leeren Händen da. Versuchen Sie deshalb, mit Ihren Argumenten vorsichtig umzugehen, und formulieren Sie das, was Sie sagen wollen, präzise und nachvollziehbar. Auch hier gilt: Üben Sie alles vorher im Rollenspiel.

Die „Ja, aber"-Technik

Diese Technik wird in vielen Ratgebern für Gesprächs- und Verhandlungsstrategien sehr empfohlen. Sicher haben auch Sie diese Techniken schon oft unbewusst angewandt. Sie geben dem Gesprächspartner auch in heftigen Diskussionen das Gefühl, akzeptiert zu werden und geachtet zu bleiben. Formulierungsmöglichkeiten dieser Strategie sehen folgendermaßen aus:

z.B

- → „Ich glaube, dass Sie vollkommen Recht haben, doch Sie sollten Folgendes ebenfalls beachten.“
- → „Da stehe ich ganz und gar auf Ihrer Seite, aber in diesem Fall sollten Sie noch weitere Aspekte hinzunehmen.“
- → „Sicher sehen Sie das richtig, aber kennen Sie die Höhe des Tariflohns wirklich ganz genau?“

„Ja, aber" ist besser als „Nein"

Sie sehen selbst, solche Sätze wirken ganz anders als ein kaltes „Nein". Da bleiben immer noch Wege offen und die Fronten verhärten sich nicht.

Nennen Sie Argumente, die gegen Sie sprechen

Widerlegen Sie Argumente gegen sich gleich selbst

Als höchste Kunst der Rhetorik wird es angesehen, die vermuteten Gegenargumente gleich selbst zu nennen. Sie können diese dann sehr effektiv selbst widerlegen und Ihren Interviewern gleich den Wind aus den Segeln nehmen. Dazu benötigen Sie ein großes Maß an Hintergrundinformationen. Kenntnisse über die Stelle, den Betrieb, den Personalbedarf und die allgemeine Wirtschaftslage sind hierzu unerlässlich.

Sicher haben Sie bereits im eigenen Interesse versucht, alle wichtigen Informationen so schnell wie möglich zu erhalten. Wenden Sie dieses Wissen nun an.

Vorwissen über Firma und Branche stärkt Ihre Position

Ihre Gesprächspartner müssen dann möglicherweise ebenfalls überlegen, und Sie gewinnen Zeit. Außerdem herrscht der Eindruck vor, dass Sie bestens informiert sind und mit erheblichem Insiderwissen aufwarten können. Das stärkt Ihre Position.

Trainingsblock Kapitel 7

Bitte beantworten Sie die folgenden Fragen. Die Auflösung finden Sie im Anhang.

1. Welche Frage müssen Sie sich selbst in der ersten Phase des Vorstellungsgesprächs stellen?
2. Welches ist eine der Grundvoraussetzungen für ein erfolgreiches Bewerbungsgespräch?
3. Worauf kommt es beim Gespräch an?
4. Wie können Sie den Personalchef am besten davon überzeugen, dass Sie der ideale Bewerber oder die ideale Bewerberin sind?

5. Wie sprichen Sie richtig?
6. Wie können Sie geschickt Ihre Meinung sagen, ohne die Meinung Ihres Gesprächspartners in Zweifel zu ziehen?
7. Wie können Sie Ihren Gesprächspartner den Wind aus den Segeln nehmen und Einwänden vorbeugen?
8. Welches ist einer der verbreitetsten Fehler zu Beginn eines Gesprächs?
9. Wie können Sie Ihre Worte verstärken?
10. Wie gehen Sie mit Ihrer Angst beim Gespräch um?

Zusammenfassung

In diesem Kapitel fanden Sie einige der häufigsten Einstiegs- und Anschlussfragen. Sie sollten auf diese Fragen sehr offen und frei antworten, jedoch auch diplomatisch sein. Achten Sie während des Gesprächs auf Ihre Rhetorik. Wichtig ist, dass Sie innerlich davon überzeugt sind, was Sie vermitteln wollen: „Ich will und bekomme den Job." Sprechen Sie langsam und deutlich. Legen Sie Gesprächspausen ein. Vermeiden Sie Antworten mit „Nein" und wenden Sie stattdessen die „Ja, aber"-Technik an. Denken Sie auch an Ihre Körpersprache: ein fester Händedruck zur Begrüßung, natürlich wirkende Gesten, die Ihre Argumente unterstreichen. Versuchen Sie, Ihrem Gegenüber in die Augen oder auf einen Punkt in der Mitte seiner Stirn zu sehen. Lächeln Sie ab und zu, dadurch werden Sie lockerer. Aufregung und Angst können Sie bereits im Vorfeld eines Vorstellungsgesprächs durch das Erlernen bestimmter Entspannungstechniken wie autogenes Training bändigen. Um die Angst während des Gesprächs in den Griff zu bekommen, sollten Sie kurze Entspannungsphasen einlegen. Ihr Interviewer wird sie als bewusste Gesprächspausen registrieren. Verschießen Sie nicht gleich zu Beginn Ihr ganzes Pulver, sondern setzen Sie Ihre Argumente zum passenden Moment ein. Ihre Argumentationsweise können Sie bereits vorher durch Rollenspiele einüben. Nennen Sie auch Argumente, die gegen Sie sprechen, und widerlegen Sie diese. Damit nehmen Sie Ihren Interviewern den Wind aus den Segeln.

8 Selbstdarstellung als Ziel

Der zweite Teil des Gesprächs

Nach dem ersten freundlichen Dialog beginnt ein zweiter, weitaus wichtigerer Teil des Gesprächs. Man könnte diesen Teil mit dem Titel „Einleitende Worte zur Selbstdarstellung" überschreiben.
Sie werden bemerken, dass nicht nur Sie sich selbst, sondern auch die Firma sich in einem guten Licht darstellen möchte.
In manchen Vorstellungsgesprächen ufert genau dieser Gesprächspunkt in einen halbstündigen Monolog aus. Was gibt es nicht alles zu berichten! Der schwierige Aufbau der Firma, die Hungerjahre, der Krieg, die ersten zaghaften Erfolge nach dem Wiederaufbau, der Lichtblick am Horizont und jetzt die Rezession.

Es geht um das gegenseitige Kennenlernen

Beinahe alles, was Sie schon aus diversen Firmenbroschüren wissen, wird Ihnen hier neu aufgetischt. Unter dem Motto „Wir sind hier, um uns etwas besser kennen zu lernen!" werden Sie gründlich bearbeitet.

Was wollen Personalchefs wissen?

Lehre und/oder Studium

Personalchefs bevorzugen beim Berufseinstieg Hochschulabsolventen, die jung sind, aber dennoch über Berufspraxis verfügen. Das weiß inzwischen jeder Abiturient. Die Frage, die Sie deshalb beschäftigt, lautet, wie das zu realisieren ist. Der wohlmeinende Rat erfolgreicher Väter, erst eine Lehre zu absolvieren und anschließend zu studieren, verliert zunehmend an Überzeugungskraft. Denn dies hat den Nachteil, dass man kaum vor 30 das begehrte Hochschuldiplom in Händen halten kann. Dies deckt sich, besonders mit Blick auf den europaweiten Vergleich, immer seltener mit den Personalrekrutierungsstrategien der Unternehmen. Das Weiterbildungsangebot der Berufspraktiker scheint vielen Gymnasiasten als zu anstrengend und zu lang. Vor allem aber erscheint es mit dem hohen Risiko verbunden, die angestrebte Führungsposition ohne akademische Weihen vielleicht doch nicht zu erreichen.

Duales Studium

Den Konflikt zu lösen verspricht eine Zauberformel, die duales Studium heißt. Inzwischen gibt es ein reichhaltiges Angebot von Berufsakademien, Fachhochschulen, Universitäten und Wirtschaftsakademien. Während die Wirtschaftsakademien bewusst auf die staatliche Anerkennung verzichten und die Universitäten gezielt die Eliteausbildung anstreben, stellen Berufsakademien und Fachhochschulen die Mehrzahl entsprechender Ausbildungsplätze.

Wo bildungspolitische Interessen aufeinander prallen, geht es immer um Geld. Gegner und Befürworter in den Personalabteilungen stehen sich da gegenüber. Sie wissen nie, mit wem Sie es zu tun haben. Allerdings können Sie davon ausgehen, dass man Ihnen im Vorstellungsgespräch gewisse Chancen einräumt.

Berufsakademien

Den Berufsakademien, die Baden-Württemberg seit 1980 eingerichtet hat, haben die Verknüpfung der Ausbildungsstätten Betrieb und Hochschule salonfähig gemacht. Die Verknüpfung erfolgt während der dreijährigen Gesamtausbildung im vierteljährlichen Wechsel.

Ableger gibt es mittlerweile in Sachsen und Berlin, in modifizierter Form auch in Niedersachsen und Schleswig-Holstein. Berufsakademien einzurichten erwägen Sachsen-Anhalt und Thüringen. Baden-Württemberg stellt inzwischen die Abschlüsse der Berufsakademien denen einer Fachhochschule gleich.

Eine Untersuchung bei Daimler-Benz ergab, dass zwei Drittel der an Berufsakademien Diplomierten sechs Jahre später Positionen auf der Führungsebene innehatten mit Schwerpunkten im Vertrieb, Controlling und Rechnungswesen. Ein Vergleich zu den Karriereverläufen von Fachhochschulabsolventen und Universitäten fehlt. Ebenso freilich auch eine Differenzierung nach Positionen im Mittel- und Topmanagement.

Personalchefs wollen genau über Ihre Ausbildung informiert werden

Trotzdem ist es so, dass Personalleiter alles über die Ausbildung eines jeden Bewerbers wissen wollen.

Sie analysieren den beruflichen Werdegang sehr genau und stellen dazu Fragen.

So ist es etwa von großer Bedeutung für die unternehmerischen Konzepte der Personalentwicklung, dass Berufsakademieabschlüsse nicht europafähig sind. Unter Umständen werden sie später einmal bundeseinheitlich anerkannt. Darauf hoffen die Berufsakademien immer noch. Dass sich diese Hoffnung erfüllt, scheint indessen zweifelhaft. Gegenwärtig kann man auf der Bundesebene keine Mehrheit dafür finden. So wird wohl ein großer Teil der Berufsakademien in Fachhochschulen überführt.

Die Ausbildung bestimmt das Gehalt

Es geht bei den Betrieben um das Gehalt. Ist eine Ausbildung an der Berufsakademie nicht staatlich anerkannt, so liegt das Gehalt unter dem eines Fachhochschulabsolventen. Leisten beide Fachkräfte in etwa dieselbe Arbeit, dann entstehen dem Betrieb geringere Personalkosten. Kein Wunder also, dass Akademieabschlüsse bei den Personalchefs beliebter sind als Fachhochschulabschlüsse.

Anforderungsprofil

Der richtige Mann oder die richtige Frau am richtigen Platz – das ist das Ziel jeder Personalbeschaffung. Der Erfolg und die Zufriedenheit der Mitarbeiter hängt davon ab. Soll dieses Ziel erreicht werden, ist ein qualitativ hochwertiges Verfahren der Personalbeschaffung notwendig.

Dieses Verfahren soll so weit wie möglich standardisiert sein. In der ersten Phase gilt es, eine lange „Beschaffungszeit“ vorauszuplanen. Außerdem ist es notwendig, sich die Anforderungen an künftige Mitarbeiter im Detail bewusst zu machen, wenn beide Seiten zufrieden gestellt werden sollen.

Personalplanung und Unternehmensplanung divergieren häufig

In der Praxis kommt es jedoch fast immer zu einem kurzfristigen „Löcher stopfen". Deshalb ist die Frage des Personalchefs „Wann können Sie bei uns anfangen?" fast immer ausschlaggebend für die letztendliche Personalentscheidung. Die meisten Betriebe leben von „der Hand in den Mund" – jedenfalls personalwirtschaftlich gesehen. Eine konsequente Abstimmung der Personalplanung mit der Unternehmensplanung gibt es in den seltensten Fällen.

Stellenbeschreibung + Leistungsanforderungen = Anforderungsprofil

Eine Folge dieser Planungstätigkeit können Anforderungsprofile sein, die dem Personalchef übergeben werden. Ein Anforderungsprofil besteht aus zwei Teilen: der Stellenbeschreibung (Job-Description) und dem Leistungsprofil.

Anforderungsprofil

Stellenbeschreibung

→ mit Positionsbeschreibung
→ mit Arbeitsplatzbeschreibung
→ mit Kompetenzen
→ mit Konditionen

Leistungsanforderungen

→ an die Ausbildung
→ an die Erfahrung
→ an die Persönlichkeit des Bewerbers
→ an das Alter

Die Anforderungsprofile werden von der Personalstelle überprüft. Zunächst anhand der schriftlichen Unterlagen, der eingereichten Bewerbungsmappen, dann anhand der persönlichen Präsentation im Vorstellungsgespräch.

Anforderungsprofile können auf Grund kurzfristig eintretender unvorhersehbarer Situationen erstellt werden. Sie sind unter Umständen auf die Richtlinien der Personalpolitik abzustimmen.

Konsequenzen im Vorstellungsgespräch

Personalchefs bereiten sich intensiv auf das Vorstellungsgespräch vor. Dazu gehört die tief gehende Analyse der Bewerbungsunterlagen und eine reibungslose Organisation der äußeren Bedingungen.
Die Auswertung der Bewerbungsunterlagen erfolgt nach folgenden Gesichtspunkten:

Analyse der Bewerbungsunterlagen

!

Formanalyse

→ Vollständigkeit von Anschreiben, Lebenslauf und Zeugnissen?
→ Sind alle Bewerbungsunterlagen sauber und sinnvoll zusammengestellt?
→ Sind alle Angaben in Unterlagen und Zeugnissen ausführlich und erlauben sie einen differenzierten Überblick?
→ Sind die Angaben im Lebenslauf logisch verständlich – inhaltlich und zeitlich – aufgeführt
→ Ist die schriftliche Darstellung präzise und eindeutig und hat sie Aussagekraft?

Inhaltsanalyse

!

- → Wurden die Schulen selten gewechselt, Klassen nicht wiederholt?
- → Wurde die Berufsausbildung in der üblichen Zeit abgeschlossen?
- → Ziehen sich gute Ergebnisse durch alle Abschlussbeurteilungen?
- → Ist die Darstellung der Leistungs- und Interessenschwerpunkte differenziert und fachspezifisch?
- → Bisher kein zu häufiger Arbeitsplatzwechsel?
- → Wurden die Stellen in der Regel mehr als zwei Jahre beibehalten?
- → Sind angegebene freiwillige Firmenwechsel unter dem Gesichtspunkt der finanziellen Verbesserung, Verbreiterung der Basis oder Spezialisierung zu sehen?
- → Wurden bei freiwilligen Arbeitsplatzwechseln verantwortungsvollere Positionen erreicht?
- → Hält der Stellenwechsel auf Grund von Rationalisierung oder Insolvenz eines Unternehmens einer Überprüfung stand?

Gesprächsinhalte

Typische Fragen und Sätze zu dieser zweiten Phase des Vorstellungsgesprächs sind im folgenden Teil zusammengestellt. Sie finden wieder einige vorbereitete Antworten oder Hinweise auf Antworten. Sie sollten diese Antworten aber nur als Anregungen übernehmen und keinesfalls auswendig lernen. In einem echten Vorstellungsgespräch müssen die Antworten zu Ihrer eigenen Situation passen.

Wie sehr kann sich der Bewerber mit der Firma identifizieren?

In dieser Phase des Gesprächs wollen die Interviewer neben anderen Informationen wissen, wie sehr sich der Bewerber mit der Firma identifizieren kann.

z.B

Fragen und Antworten zur Firmenpräsentation

F: „Wir sind hier, um uns gegenseitig etwas besser kennen zu lernen. Was wissen Sie über uns?"

A: Geben Sie einen allgemeinen Überblick über die Firma, sofern Sie solche Informationen bereits haben. Gehen Sie nicht ins Detail.

F: „Ich bin Ihr künftiger Vorgesetzter. Darf ich Ihnen ein wenig aus unserer Abteilung berichten?"

A: Gehen Sie auf dieses Angebot ein. Stellen Sie interessierte Zwischenfragen.

F: „Kennen Sie die Firmengeschichte? Nein? Dann kann ich Folgendes ausführen ..."

A: Lauschen Sie den Ausführungen. Sie sollten keinesfalls unterbrechen und sagen, dass Sie das nicht hören wollen. Unterstreichen Sie Ihr aktives Zuhören durch nonverbale Gesten der Zustimmung.

F: „Wir können Ihnen einiges über den vakanten Arbeitsplatz sagen."

A: Äußern Sie Zustimmung und lassen Sie sich die Arbeitsplatzbeschreibung zeigen. Sie können auch über die einzelnen Punkte wie Kompetenzen etc. diskutieren.

F: „Könnten Sie sich vorstellen, bei uns zu arbeiten?"

A: „Ja." Führen Sie einige Argumente an, die für diesen Arbeitsplatz sprechen.

F: „Sie sind nun mit Turnschuhen hierher zur Vorstellung gekommen. Glauben Sie, dass wir Sie so zum Kunden lassen?"
A: „Nein, sicher nicht." Führen Sie aus, warum Sie diese Meinung haben. Werden Sie nicht trotzig und fügen Sie dem ersten Fehler nicht noch einen weiteren hinzu.

F: „Wie könnten wir Ihre zukünftige Position noch etwas plastischer darstellen?"
A: „Vielleicht haben Sie ein Organigramm der Abteilung?"

F: „Wünschen Sie noch weitere Informationen über uns?"
A: „Ja." Bitte nur in begründeten Fällen nachfragen. Das Gespräch soll nicht unnötig in die Länge gezogen werden.

F: „Kennen Sie Argumente, die gegen Sie sprechen?"
A: Nennen Sie nur Argumente, die Sie selbst wieder entkräften können.

F: „Was halten Sie von unserer Firmenkultur?"
A: Nennen Sie ein paar Stichpunkte, die Sie über die Firmenkultur des Betriebs in Erfahrung bringen konnten.

F: „Wir bieten folgende Sozialleistungen ... Sind Ihnen diese persönlich wichtig?"
A: Zählen Sie die für Sie wichtigsten Sozialleistungen auf. Wenn diese angeboten werden, erhöht sich die Attraktivität der Firma.

F: „Folgende Mitarbeiter werden Ihnen unterstellt ..."
A: Lassen Sie sich alles genau erklären.

F: „Der Vertreter für Ihre Stelle ist noch nicht bestimmt."
A: Was muss er eventuell machen? Wie funktioniert die Zusammenarbeit? Lassen Sie sich alles erklären.

F: „Für die Stelle bestehen folgende Befugnisse und Vollmachten.“

A: Lassen Sie sich diese genau beschreiben.

F: „Haben Sie zu diesem Komplex noch Fragen an uns?“

A: Stellen Sie eine oder zwei Fragen. Übertreiben Sie allerdings nicht. Ungünstig ist es, wenn Sie gar nichts fragen. Das deutet auf mangelndes Interesse hin.

Trainingsblock Kapitel 8

Bitte beantworten Sie die folgenden Fragen. Die Auflösung finden Sie im Anhang.

1. Woraus besteht ein Anforderungsprofil?
2. Woraus setzt sich die Stellenbeschreibung zusammen?
3. Woraus setzt sich die Leistungsanforderung zusammen?
4. Wonach werden die Bewerbungsunterlagen analysiert?
5. In der zweiten Phase des Vorstellungsgesprächs geht es um die Firma. Was interessiert die Interviewer hier ganz besonders?
6. Was wollen Personalchefs wissen?
7. Was versteht man unter einem dualen Studium?
8. Was ist bei einem Berufsakademieabschluss unbedingt zu berücksichtigen?
9. Die Personalbeschaffung geschieht häufig kurzfristig. Welche Frage spielt daher eine wichtige Rolle bei der Personalentscheidung?
10. Welches ist das Ziel jeder Personalbeschaffung?

Zusammenfassung

Das Anforderungsprofil eines Unternehmens setzt sich aus der Stellenbeschreibung und den Leistungsanforderungen zusammen. Daher wollen sich Personalchefs ein möglichst genaues Bild über die Ausbildung eines Bewerbers machen. Aus diesem Grund analysieren sie die Bewerbungsunterlagen nach Inhalt und Form. Dies sollten Sie bei Ihrem Bewerbungsschreiben und bei der Vorbereitung auf das Vorstellungsgespräch berücksichtigen. Sie müssen mit Rückfragen zu Ihrem angegebenen beruflichen Werdegang rechnen. Typischer Gesprächsinhalt ist auch die Präsentation der Firma, bei der Sie sich beworben haben. Informieren Sie sich also vorher gründlich über Ihren potenziellen Arbeitgeber. Wenn man Ihnen die Firmengeschichte erzählt oder eine Besichtigung Ihres möglicherweise neuen Arbeitsplatzes vorschlägt, gehen Sie darauf ein. Stellen Sie intelligente, aber keine überflüssigen Zwischenfragen.

9 Selbstdarstellung des Bewerbers/Eigenpräsentation

„Was hat Ihnen an Ihrer bisherigen Arbeitsstelle so gefallen?" – Das ist wohl die häufigste Frage, wenn es in die dritte Phase des Vorstellungsgesprächs geht.

Jeder Betrieb hat seine eigenen Vorstellungen vom „idealen Bewerber"

Es geht um den Bewerber selbst. Wie sollte nun der ideale Bewerber bzw. die ideale Bewerberin aussehen? Es gibt hierzu keine eindeutige Antwort. Jeder Betrieb hat seine eigenen Vorstellungen.

„Die Lebenserfahrung zeigt, dass ein ganzheitlicher, zufriedener Lebensweg deutlich wichtiger ist als das eindimensionale Ziel, Karriere zu machen", meinen heute die meisten Personalchefs. Doch diese haben auch gut reden. Wer sich langsam an die Spitze gearbeitet hat, hat wieder freie Sicht und kann das Berufsleben anders wahrnehmen als ein Bewerber, der in der Mitte der Aufbaujahre steht. „Die Karriere nimmt man am besten nicht so wichtig", sagen jene, die Karriere gemacht haben.

So sind oft diejenigen Bewerber am beliebtesten, die nicht ständig nach dem Chefsessel schielen. Sind sie auch die Besten und werden sie in den Betrieb aufgenommen? Und wie soll man herausfinden, welchen Typ von Bewerber man gerade vor sich hat?

Unterschiedliche Anforderungen

In der Tat gibt es unterschiedliche und widersprüchliche Anforderungen, denen Sie sich ausgesetzt fühlen.

Wie sieht es mit dem Bild aus, das man sich gemeinhin vom erfolgreichsten aller Bewerber macht? „Jung, mit Auslandserfahrung, mindestens viersprachig und einer Zusatzqualifikation zum MBA an einer hochrangigen Business-Schule."

Diesen Bewerber, der zumindest für die Unternehmensführung denkbar wäre, gibt es leider nicht. Der erreichbare Bewerber sieht anders aus.

Kommunikative Kompetenz

In der heutigen internationalen Geschäftswelt wird bei Bewerbern eine entsprechende kommunikative Kompetenz vorausgesetzt. Englisch sollten Sie nicht als Fremdsprache, sondern fast wie eine zweite Muttersprache betrachten. Doch entscheidend für den Erfolg bei der Vorstellung sind offenkundig ganz andere Fähigkeiten, nämlich Fleiß und Motivation.

Fleiß und Motivation

Vielleicht möchte man diese Haltungen als veraltet abtun. Das hilft aber dem Einzelnen nicht weiter. Fleiß wird im Berufsleben ganz allgemein hoch bewertet und als sehr wichtig eingestuft. Außerdem ist die Arbeitsfreude der Mittelpunkt jeder Motivation.

Am besten ist es, wenn Sie eine Tätigkeit suchen, die Ihnen wirklich Freude macht, oder einen Arbeitsplatz anstreben, an dem Sie Ihre Fähigkeiten voll einsetzen können.

Vermitteln Sie, dass Sie wirklich Freude an der Arbeit haben

Diese Freude an der Arbeit sollten Sie im Vorstellungsgespräch vermitteln können. Aber das allein reicht nicht. Mut, Nerven und Gelassenheit sowie die Bereitschaft, im Notfall etwas mehr zu tun, gehören ebenfalls zu den Geheimrezepten der erfolgreichen Bewerber.

Wenn Sie ganz am Anfang Ihrer beruflichen Laufbahn stehen, dann sollten Sie sich Vorgesetzte suchen, die Ihnen ein Vorbild geben können. Seien Sie neugierig – auch über das eigene Fachgebiet hinaus. Nutzen Sie jede Chance, Ihr Wissen auszuweiten, auch wenn das kurzfristig für Ihr Arbeitsgebiet keinen konkreten Nutzen verspricht. Es dient Ihrer persönlichen Entwicklung und hilft langfristig bei der Karriere.

Ein breit gefächerter Abschluss erhöht die Berufschancen

Bewerber mit den besten Berufschancen sind zweifellos Studenten, die einen breit angelegten Abschluss vorweisen können. In der Fächerwahl sind sich die Personalchefs und Unternehmensberater uneins. Während manche noch immer dem Jurastudium den Vorrang einräumen, meinen andere, dass es prinzipiell egal ist, was man studiert. Ob Betriebswirtschaft, Volkswirtschaft, Jura oder

Informatik, das ist nicht so wichtig, Hauptsache ist das Studium an sich.

Wer als Bewerber aus der Praxis kommt und vor dem Studium eine Lehre absolvierte, kennt beide Seiten des Betriebsalltags. Er hat bestimmte praktische Voraussetzungen, die ein „Nur-Student" gar nicht vorweisen kann.

So hat beispielsweise der Vorstandsvorsitzende von Daimler-Benz, Jürgen Schrempp, diese Doppelqualifikation. Nämlich eine Lehre als Kraftfahrzeugmechaniker bei Mercedes und ein Maschinenbaustudium an einer Fachhochschule.

Generell gilt: Wichtig ist das Studium an und für sich. Man kann es sozusagen als Orientierungsstufe ansehen. Wer sich jedoch zuerst orientiert und dann studiert, hat einige Vorteile. Er kann das ganze Studium und die Ausbildung auf das vorgegebene Ziel ausrichten. So werden alle Aktivitäten zielorientiert angegangen.

Lassen Sie den „roten Faden" Ihrer Laufbahn erkennen

Im Vorstellungsgespräch sollten Sie Ihre Strategie vortragen können. Man wird Sie sicher danach fragen. Versuchen Sie, in Ihrer beruflichen Laufbahn einen so genannten „roten Faden" zu entwickeln und im Vorstellungsgespräch vorzutragen.

Gesprächsinhalte

Typische Fragen dieser Phase im Vorstellungsgespräch habe ich hier kompakt dargestellt. Sie finden wieder einige Musterantworten, die Sie auf die persönliche Situation angemessen abändern sollten.

Zielstrebigkeit ist gefragt, aber Ihre Ziele müssen auch zu denen der Firma passen

In dieser Phase des Vorstellungsgesprächs geht es den Interviewern darum, herauszufinden, wie der berufliche Werdegang zustande gekommen ist. Ist daraus ein zielstrebiges Verhalten abzuleiten? Wie sieht der „rote Faden" aus? Wie stark ist die Motivation, bestimmte Ziele zu erreichen? Wie sehen diese Ziele aus? Und eine ganz wichtige Frage: „Passen diese Ziele zu uns und unserer Firma oder werden wir nur als Sprungbrett benutzt?“

Fragen und Antworten zum beruflichen Werdegang

F: „Schildern Sie uns kurz Ihren bisherigen beruflichen Werdegang“.
A: Gehen Sie möglichst präzise auf die einzelnen Stationen ein. Wenn das zu umfangreich wird, sollten Sie einfach Stichworte des beruflichen Werdegangs benennen.

F: „Welchen Eindruck haben Sie von Ihrer beruflichen Ausbildung?“
A: „Ich denke, dass meine Ausbildung gut und breit gefächert zugleich ist. Insbesondere denke ich dabei an ...“

F: „Wie verlief Ihre berufliche Ausbildung?“
A: „Meine Ausbildung verlief zielorientiert und zweckmäßig.“

F: „Wo sehen Sie Ihre beruflichen Stärken?“
A: „Ich sehe meine Stärken in dem Bereich ...“

F: „Welche Tätigkeiten haben Sie im Einzelnen an Ihrem letzten Arbeitsplatz ausgeübt?“
A: „Ich wurde zu folgenden Tätigkeiten regelmäßig herangezogen ...“

F: „Von wem wurden die Aufgaben gestellt und wie erfolgte die Beaufsichtigung?“
A: „Die Aufgaben erhielt ich vom Vertriebsleiter, dem ich regelmäßig meine Berichte vorlegte.“

F: „Mit welchen Abteilungen hatten Sie regelmäßig Kontakt?“
A: „Ich hatte mit unserem Außendienst und der Vertriebsleitung sowie unserer Marketingabteilung regelmäßigen Kontakt.“

F: „War man mit Ihren Arbeitsergebnissen zufrieden?"
A: „In dem jährlichen Bewertungsgespräch wurden die positiven und negativen Vorkommnisse diskutiert. Ich habe dabei immer positive Bewertungen bekommen, die Sie gerne einsehen können."

F: „Welche Berufsausbildung halten Sie für die ausgeschriebene Position für notwendig? Welche für wünschenswert?"
A: „Grundsätzlich ist das natürlich eine Entscheidung, die von Ihnen gefällt werden muss. Ich kann mir aber vorstellen, dass ich mit meiner Ausbildung als ... vollkommen richtig liege. Außerdem könnte ich mir noch ... als hilfreiche Basisausbildung vorstellen."

F: „Wie umfangreich ist Ihre Berufs- und Betriebserfahrung?"
A: „Ich arbeite seit fünf Jahren in der Abteilung für Patentrecht und habe eine umfangreiche betriebliche Erfahrung."

F: „Welche besonderen Kenntnisse und Schulungen auf dem Gebiet der ... können Sie vorweisen?"
A: „Ich habe spezielle Schulungen in ... und weitere firmeninterne Kurse auf dem Gebiet der ... besucht."

F: „Wie schätzen Sie sich ein? Zeigen Sie eher Eigeninitiative oder lassen Sie sich leichter von einem Vorgesetzten lenken?"
A: „Ich denke, dass ich beides kann. Das gilt sowohl für die Eigeninitiative als auch für die Arbeit im Team oder das Arbeiten nach den Anweisungen eines Vorgesetzten."

F: „Würden Sie sich eher für einen durchschnittlich oder einen überdurchschnittlich qualifizierten Bewerber halten?"
A: „Zunächst ist Ihr Urteil darüber ausschlaggebend. Ich denke aber, dass ich eher im mittleren Bereich liege."

F: „Wie lange wollen Sie diesen Job machen?"
A: „Ich will mich weiter qualifizieren und mache zurzeit eine Fortbildung über ... Möglicherweise kann ich nur ein paar Jahre bei Ihnen bleiben."

F: „Wo wollen Sie in fünf Jahren stehen?"
A: „Ich denke, dass ich dann für eine Position als Abteilungsleiter zur Verfügung stehe."

F: „Was halten Sie für Ihre größte Schwäche?"
A: „Ich glaube, ein gewisses Misstrauen gegenüber nicht nachprüfbarem Datenmaterial ist eine meiner größten Schwächen."

F: „Wie wichtig ist Ihnen Ihr Urlaub?"
A: „Mein Urlaub ist für mich wichtig, um mich vollständig zu regenerieren, was nicht heißen soll, dass ich im Notfall nicht auch auf ein paar Tage verzichten kann, wenn der Gang der Geschäfte das erforderlich macht."

Trainingsblock Kapitel 9

Bitte beantworten Sie die folgenden Fragen. Die Auflösung finden Sie im Anhang.

1. Welche Kriterien spielen bei der Besetzung einer Position eine große Rolle?
2. Ist das Studium auch heute noch wichtig?
3. Welche Fachrichtung wird von Personalchefs bevorzugt?
4. Was gehört zu den wichtigen Eigenschaften, die eine Einstellung begünstigen?
5. Welche Eigenschaft hilft bei der beruflichen Karriere?
6. Egal ob Studium oder Lehre oder eine Kombination aus beiden – wie vermitteln Sie am besten Ihre Kompetenz?

7. Wenn Sie nach Schwächen gefragt werden, müssen Sie darauf antworten?
8. Wenn der berufliche Werdegang geschildert werden soll – wie gehen Sie vor, wenn es sich um viele Stationen handelt?
9. Welche Lebenseinstellung eines Bewerbers wird heute bei den Personalchefs immer beliebter?
10. Bezüglich der Ziele des Bewerbers: Welcher Gedanke spielt für Personalchefs eine wichtige Rolle?

Zusammenfassung

Jeder Betrieb hat seine eigenen Vorstellungen vom idealen Bewerber. Bewerber mit den besten Berufschancen sind Studenten, die einen breit gefächerten Abschluss vorweisen können. Dabei ist das Studienfach meist zweitrangig. Aber auch berufspraktische Erfahrung – ideal ist die Kombination Lehre und Studium –, Fremdsprachenkenntnisse, v.a. Englisch, sowie eine gewisse Zielstrebigkeit sollten Sie mitbringen. Mit Fragen zu Ihrem beruflichen Werdegang versucht der Interviewer herauszufinden, wie es um den roten Faden in Ihrem Berufsleben bestellt ist, ob Sie über eine starke Motivation verfügen, bestimmte Ziele zu erreichen, und auch, ob Sie auf Grund dieser Ziele zu seiner Firma passen oder ob Sie diese eventuell nur als Sprungbrett nutzen wollen. Versuchen Sie daher im Vorstellungsgespräch eine gewisse Strategie für Ihr Berufsleben erkennen zu lassen. Entwickeln Sie diesen so genannten roten Faden und tragen Sie ihn vor.

10 Soziale Schicht/ persönliche Situation

Die soziale Schicht des Bewerbers – immer noch von Bedeutung

Obwohl es heute verpönt ist, Einteilungen in soziale Schichten vorzunehmen und Bewerber auf Grund ihrer Zugehörigkeit zur Ober-, Mittel- und Unterschicht zu beurteilen, wird in der Praxis kein Hehl daraus gemacht, dass die soziale Schicht eines Bewerbers dennoch eine wichtige Rolle bei der Bewerbung spielt.
Vergessen ist der Grundsatz, dass allen gleichermaßen eine Chance gegeben werden sollte, wenn es um das Interesse des eigenen Geschäfts geht. „Sicherlich gibt es auch bestimmte hoch begabte Bewerber aus der Unterschicht, aber bitte nicht in unserem Betrieb. Wir sind schließlich keine soziologische Forschungsanstalt." Das ist eine zwar zumeist unausgesprochene, aber häufig anzutreffende Auffassung in vielen Personalabteilungen.
Über die Fragen zur sozialen Herkunft werden Bewerber also gnadenlos gesiebt, und zwar nach den althergebrachten sozialen Vorstellungen der jeweiligen Vorgesetzten.
Wonach wird nun gesucht? Einige Fragen zielen auf die Herkunft ab, etwa ob der Bewerber in der Stadt oder auf dem Land groß geworden ist. Vielleicht passt er besser in ein Team, das häufiger mit der Landbevölkerung zu tun hat.
Die Frage nach Geschwistern zielt darauf ab, ob es der Bewerber gewohnt ist, sich in eine Gruppe einzupassen. Einzelkindern spricht man die Gruppenfähigkeit eher ab und meint, dass sie häufiger Integrationsschwierigkeiten haben.

Soziales Engagement im Lebenslauf steht für Teamfähigkeit

Eine Frage nach der Teilnahme an Jugendgruppen oder nach einer aktiven Rolle etwa in studentischen Organisationen zielt darauf ab, die soziale Einbindung eines zukünftigen Bewerbers abzuschätzen. Wer in der Jugend gelernt hat, sich unterzuordnen und sich sozial einzugliedern, wird auch im Betrieb, wo es ja auf Teamarbeit ankommt, weniger Probleme verursachen als ein notorischer Einzelgänger.

Derselbe Hintergrund muss bei einer Frage nach der bevorzugten Beschäftigung in der Freizeit, etwa nach Geselligkeit und Gemeinschaft, Reiselust etc., gesehen werden.

Fragen zum Familienstand

Bei der Frage nach dem Familienstand wird vom Personalchef unterstellt, dass verheiratete Bewerber mit ein oder zwei Kindern einen harmonischen Familienhintergrund aufweisen. Geschiedene hingegen oder Bewerber mit mehr als zwei Kindern haben leichter finanzielle Schwierigkeiten, sind eher unstet und öfters krank. Ob man wirklich immer den Statistiken trauen kann? Sicher ist, dass es im Personalbüro kein Pardon gibt, wenn es darum geht, betriebsintern bewährte (Vor-)Urteile zu bestätigen.

Die Frage nach einer beabsichtigten Heirat kann damit begründet werden, dass die Firma eine hohe Fluktuation unter den Mitarbeitern vermeiden möchte. Dabei wird bei einer Heirat häufig unterstellt, dass Sie möglicherweise demnächst umziehen wollen.

Doch nicht immer sind solche Fragen negativ zu bewerten. So kann sich die Frage nach dem Familienstand, ob geschieden oder ledig, auch positiv auswirken. So werden Mitarbeiter bevorzugt im Außendienst eingesetzt, wenn sie familiär unabhängig sind. Dasselbe gilt für Fachkräfte, die später in Führungspositionen aufrükken sollen. Wer keine Familie hat, hat mehr Zeit für die Firma.

Gesprächsinhalte

Im Folgenden finden Sie wieder einige typische Fragen, die Sie in der vierten Phase des Vorstellungsgesprächs vermutlich zu erwarten haben. Die Musterantworten zielen darauf, bei den Interviewern eine möglichst positive Resonanz zu erhalten.
Denken Sie daran, dass man bei dieser Art Fragen nicht nur Ihre persönliche soziale Situation, sondern auch Ihre Einstellung dazu überprüft.

Hier geht's um Ihre persönliche Einstellung

Fragen und Antworten zu Ihrer sozialen Schicht und persönlichen Einstellung

F: „In welcher Umgebung sind Sie groß geworden? In der Großstadt oder auf dem Land?"
A: „Als ich klein war, wohnten meine Eltern auf dem Land. Dann, nach ihrer Scheidung, bin ich mit meiner Mutter in die Stadt gezogen."

F: „Haben Sie Geschwister oder sind Sie ein Einzelkind?"
A: Wahrheitsgemäß ... z.B.: „Ich habe keine Geschwister."

F: „Haben Sie einer Jugendgruppe angehört?"
A: „Ja, ich war beim ..."

F: „Hatten Sie dort eine bestimmte Funktion inne?"
A: „Ja, ich war Gruppenleiter für die 14- bis 16-Jährigen."

F: „Sind Sie in Ihrer Freizeit gerne alleine oder bevorzugen Sie die Gesellschaft anderer Menschen?"
A: „Ich bin eher ein geselliger Mensch. Ich gehe gerne aus und unternehme auch einmal etwas mit Freunden, gehe mit ihnen ins Kino oder in ein Konzert."

F: „Aus Ihren Unterlagen entnehme ich, dass Sie verheiratet sind und drei Kinder haben. Wird es da finanziell nicht manchmal etwas eng?“

A: „Ja, da haben Sie Recht. Aber meine Frau verdient als Krankenschwester in Teilzeit dazu, und wir werden von den Großeltern unterstützt.“

F: „Für wie viele Personen müssen Sie sorgen?“

A: „Für sieben Personen.“

F: „Wird es da finanziell nicht etwas eng?“

A: „Doch, aber wir führen keinen aufwändigen Lebensstil und der Lebensunterhalt ist gesichert.“

F: „Haben Sie die Absicht, in Kürze zu heiraten?“

A: „Nein, eigentlich nicht.“ Oder: „Ja, das ist für das nächste Jahr eingeplant.“

F: „Welche Meinung hat Ihre Frau über den geplanten Stellungswechsel?“

A: „Meine Frau freut sich, dass ich mich verbessern kann.“

F: „Wäre Ihre Frau mit einer Versetzung und einem eventuell damit verbundenen Umzug einverstanden?“

A: „Ich denke, dass das kein Problem ist. Wir haben eine solche Möglichkeit bereits ins Auge gefasst.“

F: „Wie würden Sie selbst zu einer Versetzung und einem eventuellen Umzug stehen?“

A: „Ich habe damit keine Probleme.“

F: „Haben Sie bestimmte Hobbys?“

A: „Ja, ich bastle gerne mit meinen Kindern und treibe Sport.“

F: „Fällt es Ihnen leicht, Kontakte mit Ihnen fremden Menschen zu knüpfen?"

A: „Ja, das fällt mir leicht, ich bin vollkommen offen und vorurteilsfrei."

F: „Hatten Sie einmal in der Gegenwart anderer Personen eine Auseinandersetzung oder einen Disput mit jemandem? Worum ging es? Wie haben Sie diese Situation gelöst?"

A: „Ja, das hatte ich bereits. Es ging um eine Einstellungssache. In der Regel versuche ich, die Diskussion mit Argumenten zu lösen. Wenn jemand gar nicht zugänglich ist, ist es besser, den Disput zu vertagen."

F: „Mit welcher Art von Personen kommen Sie am leichtesten zurecht?"

A: „Am besten komme ich mit eher ruhigen und ausgeglichenen Persönlichkeiten zurecht. Es sind Menschen, die zuerst denken und dann reden."

F: „Mit welcher Art von Personen finden Sie den Umgang eher schwierig?"

A: „Für schwierige Menschen halte ich diejenigen, die sehr impulsiv reagieren und schnell zu Extremen neigen und dies zum Teil recht drastisch vertreten."

F: „Welche Eigenschaften besitzen Sie, die Ihnen den Umgang mit anderen Menschen erleichtern?"

A: „Ich denke, dass ich einfühlsam reagieren und verhandeln kann."

F: „Wie reagieren Sie, wenn ein Kunde unannehmbare Forderungen stellt?"

A: „Ich denke, dass ich mich aufs Verhandeln einlassen würde. Zunächst muss ich selbst davon überzeugt sein, dass die Forderungen des Kunden unannehmbar sind. Dann versuche ich, ihm zu erklären, warum diese Forderungen nicht erfüllt werden können."

F: „Wie gehen Sie damit um, wenn jemand, ein Kunde oder ein Kollege, Ihnen gegenüber permanent unfreundlich ist?"

A: „Zunächst würde ich auch gegenüber einem unfreundlichen Kunden stets freundlich sein. Einen Kollegen würde ich eventuell auf seine Unfreundlichkeit ansprechen. Vielleicht ist ihm gar nicht bewusst, wie sein Verhalten ankommt."

F: „Wie gehen Sie vor, um ein Vertrauensverhältnis zu einem Kunden aufzubauen?"

A: „Ein Kunde muss meines Erachtens vor allem durch Leistung und Service überzeugt werden. Längerfristig geht es darum, einen zuverlässigen Service zu einem vernünftigen, nachvollziehbaren Preis zu bieten. Damit erreicht man eine kontinuierliche Vertrauensbasis."

F: „Was verstehen Sie unter einem guten Umgang mit Ihren Kunden?"

A: „Ein zuverlässiger Service, perfekte Dienstleistung, Hochachtung und persönliche Wertschätzung müssen dem Kunden entgegengebracht und glaubhaft vermittelt werden."

F: „Stellen Sie sich vor, dass Ihr Vorgesetzter in einer Sachdiskussion eindeutig im Unrecht ist, aber dennoch hartnäckig auf seinem Standpunkt beharrt. Wie reagieren Sie in einer solchen Situation?"

A: „Ich würde versuchen, eindeutiges Zahlenmaterial und nachprüfbare Tatsachen vorzuweisen. Wenn er das nicht einsehen will, breche ich jeden weiteren Überzeugungsversuch ab."

Trainingsblock Kapitel 10

Bitte beantworten Sie die folgenden Fragen. Die Auflösung finden Sie im Anhang.

1. Ist die soziale Schicht eines Bewerbers auch heute noch wichtig für die Besetzung einer Stelle?
2. Abgesehen von der sozialen Schicht, welche anderen sozialen Kriterien werden bewertet?
3. Wie wird der Familienstand beurteilt?
4. Wird es als Vorteil angesehen, wenn Sie auf dem Land aufgewachsen sind?
5. Was wird Einzelkindern häufig unterstellt?
6. Sollten Sie Aktivitäten in der Schule und während der Ausbildung erwähnen, wenn Sie nicht danach gefragt werden?
7. Was kann man aus Freizeitbeschäftigungen schließen?
8. Gehen Fragen nach dem Privatleben nicht zu sehr ins Persönliche?
9. Wie sollten Sie auf diffizile Fragen nach dem Umgang mit anderen Menschen – Vorgesetzten etc. – antworten?
10. Welche Antworten sind richtig?

Zusammenfassung

In einem Vorstellungsgespräch werden auch soziale Schicht und Kompetenz sowie einiges aus Ihrem Privatleben abgefragt. Kritische Punkte im Lebenslauf sind u.a. Scheidungen, Aufwachsen als Einzelkind, bevorstehende Eheschließung, kinderreiche Familie (und damit eventuell Überbelastung oder/ und finanzielle Probleme des potenziellen Arbeitnehmers). Positiv bewertet werden die Teilnahme an Vereinen, Jugendgruppen, Studentenorganisationen, eine Kindheit mit Geschwistern etc.

Daher sollten Sie sich im Vorfeld auf Fragen nach Ihrer Herkunft, Ihrem Familienstand und Ihrer sozialen Kompetenz einstellen. Versuchen Sie sich vorzustellen, was einem Personalchef an Ihrem Lebenslauf negativ auffallen könnte, und halten Sie die entsprechenden diplomatischen Antworten parat.

11 Teamfähigkeit und Leistung

Kreativität in der Personalentwicklung

z.B

Personalpolitik bei Volkswagen

Volkswagen, ein Konzern, der immer noch der Einflussnahme von Seiten der Regierung und in überdurchschnittlichem Maße der Mitbestimmung der Arbeitnehmerseite unterliegt, hat in der Personalpolitik eine ungewöhnliche Kreativität entwickelt.
Das gilt nicht nur für die Einführung der Viertagewoche als Alternative zu Massenentlassungen, sondern auch für neue Formen der Mitarbeiterbeteiligung in Workshops zum so genannten kontinuierlichen Verbesserungsprozess (KVP). Volkswagen legt schon in der Einstellungsphase Wert darauf, dass nur die Besten zum Zuge kommen.
Als Besonderheit wurden wichtige Themenkomplexe entwickelt, die bei Volkswagen zu einer eigenständigen Einheit innerhalb des Vorstellungsgesprächs gereift sind. Das gilt vor allem für Neueinstellungen jüngerer Mitarbeiter, die über den „Generationenvertrag" von Volkswagen übernommen werden. Dieser sieht vor, dass Beschäftigte ab 55 Jahren zugunsten der Einstellung von Nachwuchs in den Vorruhestand gehen, dies freilich zulasten der Solidarkassen.

Coaching

Alles wurde vom Personalvorstand Peter Hartz entwickelt, der nun auch neue Konzepte für den Führungsnachwuchs und die Einstellungspraxis ersonnen hat. Ein zentraler Gedanke ist die Erfassung aussichtsreicher Kandidaten und deren individuelle Betreuung im Sinne eines fachlichen und zugleich der Persönlichkeitsentwicklung dienenden Trainings. Diese Hilfestellung vom

Vorstellungsgespräch bis zur Karriere wird etwas missverständlich mit dem Begriff „Coaching“ umschrieben. Angelehnt ist dieses Wort an den englischen Begriff „Trainer“.

Optimierung der Personalakquisition, -entwicklung und -administation

Beinahe zwangsläufig heißt die Einrichtung, die bei Volkswagen das Know-how von Personalakquisition und -entwicklung betreibt, denn auch Volkswagen Coaching GmbH. Eine eigene Gesellschaft wurde gegründet, damit die Leistung auch an Dritte weiterverkauft werden kann. Untersucht und optimiert werden dabei die Personalakquisition, -entwicklung und -administration. Volkswagen will nach eigenen Worten in fünf Jahren das erfolgreichste Unternehmen der Automobilindustrie werden. Dieses Ziel hat man sich dort selbst gesetzt. Es muss mit den vorhandenen Führungskräften und -methoden erreicht werden. Um es aber auf Dauer zu halten, will sich Volkswagen zugleich selbst die am besten ausgesuchten und ausgebildeten Führungskräfte heranziehen.

Die Heranbildung von neuen Führungskräften ist schon bei der Personalauswahl von Bedeutung

Natürlich gab es auch bisher schon eine Führungskräfteentwicklung, die jeweils angemessen betrieben wurde. Doch jetzt soll der Mitarbeiter, der nach dem neuen Konzept ausgebildet wurde, auf allen Ebenen eingesetzt werden. Größte Bedeutung bei der Heranbildung von neuen Führungskräften wird schon der Personalauswahl beigemessen.

Hier soll kein Aufwand gescheut werden, negative Auswirkungen von Fehlentscheidungen sollen vermieden werden. Eine fachliche Spezialisierung, und sei sie noch so hoch qualifiziert, ist dabei nicht das Ausbildungsziel. Das Anforderungsprofil an eine Führungskraft wird weniger über die fachliche Seite definiert. Insbesondere soll die Führungskraft Vorbild sein und die Mitarbeiter im Sinne eigenverantwortlichen Verhaltens in die Entscheidungsprozesse mit einbeziehen. Die Persönlichkeitsmerkmale „Koordinieren und Integrieren“ gelten als eigentliche Basis für eine erfolgreiche Managementleistung. Das Führungsentwicklungskonzept enthält somit alte und neue Werte.

Die Karriere bei Volkswagen beginnt mit einem Assessment-Center. Dort werden die Kandidaten eineinhalb Tage geprüft. Dazu werden aus vorliegenden Bewerbungen, die aus Eigeninitiative entstanden oder durch Beobachtungen an der Universität von Volkswagen angeregt wurden, bestimmte Kandidaten ausgewählt. In einem Vorauswahlgespräch werden diesen Bewerbern ganz bestimmte Fragen gestellt. Wenn das Coaching-Projekt von Volkswagen Erfolg hat, wird das Konzept wohl von einem großen Prozentsatz der deutschen Industrie übernommen werden.

Am Beginn steht das Assessment-Center

Wir wollen uns hier einige dieser Fragen genauer ansehen. Sie sind für jeden Bewerber wichtig, der erfolgreich sein will.

Teamfähigkeit

Fragen und Antworten zu besonderen Themen, so könnte der Titel dieses Kapitels lauten. Die Themen haben wir bereits angesprochen. Nun wollen wir die konkreten Fragen dazu kennen lernen. Die Fragen unterteilen sich in verschiedene Themenbereiche. Sie benötigen nur solche Fragen, die tatsächlich für Ihren beruflichen Lebensweg wichtig sind.

Die Musterantworten sind wieder so formuliert, dass sie einen positiven Eindruck bei den Interviewern hinterlassen.

Einzelkämpfer sind „out"

Was ist bei den Unternehmen erwünscht? Sicher wird heute mehr und mehr Teamarbeit verrichtet. Für Einzelkämpfer ist kaum noch Platz. Zudem sollten Mitarbeiter anpassungsfähig und generell einsetzbar sein. Damit wird dem Wunsch der Unternehmen entsprochen, auf eine schwankende Auftragslage mit einer flexiblen Produktion zu antworten.

Je mehr Sie sich dieser Vision annähern können, desto besser sind Ihre Einstellungschancen.

Die folgenden Fragen sind für alle Bewerber wichtig, die eine Führungsposition anstreben.

z.B

Fragen und Antworten zur Teamfähigkeit

F: „Arbeiten Sie lieber allein oder in einem Team?"
A: „Ich arbeite lieber im Team."

F: „Wo sehen Sie Vor- und Nachteile der Teamarbeit?"
A: „Diese Frage gleicht eher einem Aufsatzthema. Wenn ich mich kurz fassen darf, dann sehe ich die Vorteile der Teamarbeit vor allem in der Motivation jedes einzelnen Mitarbeiters. Als Nachteil wäre hingegen der etwas langsamere Entscheidungsprozess zu benennen, der bei jedem Gruppenprozess auftritt."

F: „Welche Ihrer Fähig- und Fertigkeiten scheinen Ihnen bei einer Teamarbeit von Nutzen?"
A: „Ich bin flexibel und leistungsstark, zugleich kann ich mich rasch auf fremde Menschen einstellen und fühle mich im Team erst richtig wohl."

F: „Haben Sie schon einmal im Team gearbeitet?"
A: „Ja, ich habe bei ... im Entwicklungsteam mit sechs Kollegen zusammengearbeitet."

F: „Gibt es im Team Arbeitsformen, die Sie für besonders effizient halten?"
A: „Ja, ich halte die gemeinsamen Arbeitsprozesse für effizient und kreativ."

F: „Stellen Sie sich bitte vor, der Moderator eines Teams zu sein. Welche Grundsätze hätten Sie im Umgang mit der Gruppe?"
A: „Ich würde vor allem für eine sachliche und gleichberechtigte Diskussion eintreten. Entscheidungen würde ich nach dem Mehrheitsprinzip treffen."

F: „Was wären für Sie absolute ‚Teamkiller'?"

A: „Unter Teamkillern würde ich Menschen verstehen, die sich absolut nicht am Gruppenprozess beteiligen wollen oder beteiligen können."

F: „Stellen Sie sich bitte vor, dass Sie in einem Team arbeiten, in dem ein Vielredner, Besserwisser und Selbstdarsteller die Zusammenarbeit stört. Wie gehen Sie in einer solchen Situation vor?"

A: „Ich würde das Problem vor der Gruppe ansprechen und um eine gruppeninterne Lösung bitten."

Leistungsmotivation, Selbstständigkeit

Bestimmte Berufe und Positionen erfordern selbstständiges und leistungsorientiertes Arbeiten

In manchen betrieblichen Situationen sind besonders leistungsorientierte Menschen gefragt. Wer unabhängig von einem direkten Vorgesetzten arbeiten muss, sollte außerdem ein hohes Maß an Selbstständigkeit und -sicherheit mit in den Beruf bringen. Sind diese Persönlichkeitsmerkmale am Arbeitsplatz, etwa bei einem Außendienstmitarbeiter, erforderlich, so werden sie im Vorstellungsgespräch unweigerlich zur Sprache gebracht.
Sie sollten sich deshalb die folgenden Fragen genau anschauen, wenn in der Stellenausschreibung selbstständiges und leistungsorientiertes Arbeiten angesprochen wurde.

Fragen und Antworten zur Leistungsmotivation

F: „Wie sehen Sie Ihren derzeitigen Arbeitsplatz? Wie würden Sie ihn gerne zukünftig gestalten?"

A: „Ich denke, dass mein derzeitiger Arbeitsplatz meinen Vorstellungen weitgehend entgegenkommt. Für einen zukünftigen Arbeitsplatz würde ich mir sehr viel mehr Selbstständigkeit und Entscheidungsfreiheit wünschen."

F: „Können Sie uns anhand eines eigenen Beispiels sagen, wie Sie Ideen entwickeln, um Arbeitsvorgänge zu optimieren?"
A: „Ich gehe dabei systematisch vor. Wenn ich ein Problem erkannt habe, suche ich sämtliche Alternativen dazu oder überlege mir in einem Brainstorming, was ich verbessern könnte. Meistens ist ein brauchbarer Lösungsweg dabei."

F: „Verlief Ihre Ausbildungsphase eher eingleisig oder haben Sie mehrere Alternativen in Erwägung gezogen?"
A: „Zu Beginn meiner Studienzeit war ich eher offen. Erst in der Mitte der Ausbildung habe ich mich endgültig für das Fach ... entschieden."

F: „Welche anderen Ausbildungsalternativen standen in der engeren Auswahl?"
A: „Ich dachte vor allem an Pädagogik und Soziologie."

F: „Welchen Zweck hätten Sie mit diesen beiden Alternativen verfolgt?"
A: „Ich hatte schon immer eine Ader für die Sozial- und Verhaltenswissenschaften. Ich dachte, dass sich zusammen mit der Technik interessante Kombinationsmöglichkeiten ergeben würden."

F: „Nehmen wir an, Sie wären plötzlich arbeitslos. Was würden Sie am meisten vermissen?"
A: „Mir würden vor allem die beruflichen Herausforderungen meines Arbeitsplatzes fehlen und die daraus entstandenen sozialen Kontakte."

F: „Denken Sie an Ihre letzte Tätigkeit. Was hat Ihnen am meisten gefallen?"

A: „Mir hat die Arbeit im Team und die tägliche Herausforderung des Arbeitsplatzes am meisten gefallen."

F: „Haben Sie in irgendeinem Fach oder in irgendeiner Phase Ihres Studiums mehr gebracht, als man von Ihnen erwartete?"

A: „Ja, ich habe mich besonders in das Nebenfach Psychologie hineingekniet. Das zeigen dann auch meine guten Noten."

F: „Welchen besonderen Anreiz hatten Sie, sich hier mehr als nötig zu engagieren?"

A: „Zum einen war in diesem Fach ein sehr aktiver und renommierter Professor tätig, den ich als persönliches Vorbild sah, zum anderen dachte ich mir, dass Psychologie in jeden Bereich des beruflichen Alltags hineinspielt und mir so bestimmt im Laufe des weiteren beruflichen Werdegangs hilfreich zur Seite stehen könnte."

F: „Wenn Sie nun zurückblicken, würden Sie sagen, dass es sich für Sie gelohnt hat?"

A: „Ja, ich habe mein Engagement bisher immer als persönlichen Erfolg verbuchen können."

F: „Welche beruflichen Ziele wollten Sie bisher schon erreichen?"

A: Nennen Sie hier die von Ihnen angestrebten beruflichen Ziele.

F: „Haben Sie diese Ziele zum Teil schon erreicht?"

A: Zählen Sie hier die bereits erreichten und noch ausstehenden beruflichen Ziele auf.

F: „Welches berufliche Ereignis war Ihr größter persönlicher Erfolg? Und warum?"

A: Nennen Sie hier Ihren größten beruflichen Erfolg und begründen Sie diesen.

F: „Haben Sie schon einmal daran gedacht, sich selbstständig zu machen?"
A: „Ja, daran habe ich bereits gedacht."

F: „Woran scheiterte dieses Vorhaben bisher?"
A: „Ein konkreter Plan ist an mangelndem Eigenkapital gescheitert."

F: „Würden Sie einen zweiten Anlauf starten?"
A: „Ja, wenn die Ausgangsposition günstiger ist."

F: „Welche Weiterbildungsmaßnahmen haben Sie bisher besucht?"
A: Nennen Sie hier, möglichst vollständig, alle Weiterbildungskurse, die Sie besucht haben.

Berufliche Entwicklung

Der berufliche Werdegang wird auf Schwachstellen untersucht

Neben der Schullaufbahn und dem Studium stellt die berufliche Entwicklung einen der wichtigsten Schwerpunkte im Vorstellungsgespräch dar. Der berufliche „Werdegang" wird deshalb intensiv von den Interviewern durchleuchtet und auf potenzielle Schwachstellen abgesucht.
Im Folgenden finden Sie die wichtigsten Fragen und Antworten zu diesem Themenkomplex.

Fragen und Antworten zu Ihrem beruflichen Werdegang

F: „Wie sind Sie zu Ihrer letzten Position gekommen?"
A: „Ich hatte mich auf diese Stelle beworben."

F: „Schildern Sie einen typischen Arbeitsalltag in Ihrer vorigen Position."
A: Versuchen Sie, ein deutliches Bild Ihrer Tätigkeit aufzuzeigen. Gehen Sie insbesondere auf Verantwortung und Belastung ein.

F: „Was hat Ihnen in Ihrer letzten Stellung nicht besonders gefallen?"
A: Halten Sie sich hier unbedingt an die in Ihren Bewerbungsunterlagen gemachten Aussagen. Verunglimpfen Sie keine Vorgesetzten oder Mitarbeiter. Bleiben Sie sachlich. Machen Sie im Zweifelsfall Aussagen, die andeuten, dass Ihre Entwicklungsmöglichkeiten begrenzt waren. Das identifiziert Sie als erfolgsorientierte Führungskraft.

F: „Warum wollen Sie Ihre Stellung aufgeben?"
A: Begründen Sie Ihre Aussage sachlich. Die Gründe sollten mit den schriftlichen Angaben übereinstimmen. Zum Beispiel: Ich hatte keine beruflichen Aufstiegschancen mehr.

F: „Warum haben Sie bisher noch nie die Stelle gewechselt?"
A: „Ich konnte meine bisherige Stelle immer mit neuen Aufgabenbereichen anreichern. Jetzt ist jedoch ein gewisses Maß an Sättigung eingetreten."

F: „Warum haben Sie bisher Ihre Arbeitgeber so oft gewechselt?"
A: „Ich hatte stets das Pech, nicht gemäß meiner Aus- und Weiterbildung eingesetzt zu werden."

F: „Haben Sie besondere Ansprüche an einen neuen Arbeitgeber, um häufigen Stellungswechsel zu vermeiden?“

A: „Sicher, ich habe bestimmte Vorstellungen von einem neuen Arbeitgeber. Doch diese beziehen sich nicht nur auf materielle Ziele. Insgesamt müssen alle Arbeitsbedingungen stimmen: Motivation, Arbeitsplatzsicherheit, -zufriedenheit etc.“ Stellen Sie hier keine allzu idealistischen Forderungen auf. Bedenken Sie, dass Ihre Forderungen realistisch und erfüllbar klingen müssen, damit man Ihnen Glauben schenkt.

F: „Welche Position würden Sie gerne bei uns ausfüllen?“

A: „Nun, zunächst würde ich mir die ausgeschriebene Position genauer ansehen wollen. Wenn Sie weitere Vorschläge und Entwicklungsmöglichkeiten sehen, dann würden mich Ihre Vorstellungen sehr interessieren.“

F: „In Ihren Bewerbungsunterlagen ist uns Folgendes aufgefallen ... Könnten Sie uns das bitte genauer erklären?“

A: Versuchen Sie, den Vorgang so genau wie möglich darzulegen.

F: „Ihr beruflicher Werdegang weist folgende Lücken auf. Könnten Sie uns diese näher erklären?“

A: Versuchen Sie, den Vorgang so gut wie möglich darzustellen.

F: „Warum haben Sie Ihre Schulbildung mit der Realschule abgeschlossen und nicht weitergeführt?“

A: „Ich wollte damals so schnell wie möglich eigenes Geld verdienen.“

F: „Warum haben Sie eine Hochschulausbildung angefangen und nicht zu Ende geführt?“

A: „Ich habe erkannt, dass dieses Studium nicht meinen Fähigkeiten und Neigungen entsprach und deshalb folgende Ausbildung gewählt ...“

F: „Haben Sie während des Studiums irgendwelche beruflichen Tätigkeiten ausgeübt?"

A: Antworten Sie wahrheitsgemäß, was Sie gemacht haben. Optimal wäre eine Tätigkeit, die bereits etwas mit Ihrem späteren Beruf zu tun hatte. Der Arbeitgeber ersieht daraus, dass Sie sich in Ihrem Studium nicht nur theoretisch mit Ihrer Materie beschäftigt haben. Können Sie keine solche Tätigkeit vorweisen, so betonen Sie die positiven Erfahrungen, die Sie für Ihre spätere Berufstätigkeit nutzen konnten.

F: „Haben Sie während Ihrer beruflichen Tätigkeit an geeigneten Weiterbildungsmaßnahmen teilgenommen?"

A: Hier gilt Ähnliches wie für die vorige Frage.

F: „Haben Sie noch andere Weiterbildungspläne?"

A: „Ja, ich möchte mich in den Bereichen ... intensiv weiterbilden."

F: „Warum haben Sie eigentlich keine Weiterbildung betrieben?"

A: „Ich habe mich während meiner bisherigen Berufslaufbahn mit der Lektüre von Fachzeitschriften auf dem Laufenden gehalten."

F: „Welche Fächer haben Ihnen in der Schule am besten gelegen?"

A: Beantworten Sie die Frage nach bestem Wissen und Gewissen. Hier wird geprüft, ob Sie sich außer mit Ihrem Fachgebiet auch noch mit anderen Themen beschäftigt haben.

Trainingsblock Kapitel 11

Bitte beantworten Sie die folgenden Fragen. Die Auflösung finden Sie im Anhang.

1. Was soll eine Führungskraft nach den Grundsätzen der VW Coaching GmbH sein?
2. Hat der Einzelkämpfer bessere Aussichten auf eine Einstellung als ein Teamarbeiter?
3. Wie können Sie Ihre „Teamfähigkeit“ im Gespräch unter Beweis stellen?
4. Was sollten Sie bei Fragen nach der augenblicklichen Position besonders hervorheben?
5. Was können Sie als Grund für einen Stellenwechsel angeben?
6. Sie haben Lücken im beruflichen Werdegang, waren einige Monate arbeitslos. Was sollen Sie sagen?
7. Sie haben die Studienrichtung zweimal gewechselt. Was tun?
8. Macht es einen guten Eindruck, wenn Sie darauf hinweisen, dass Sie sich bei einem Weiterbildungskurs eingeschrieben haben?
9. Ihnen fehlen die geforderten fließenden Fremdsprachenkenntnisse in Spanisch. Hilft es, wenn Sie ankündigen, dass Sie einen Crashkurs belegen werden, falls Sie die Stelle bekommen?
10. Welchem Zweck dient die Frage nach Ihren Lieblingsfächern in der Schule?

Zusammenfassung

Kreativität in der Personalentwicklung ist in Unternehmen immer gefragter. Populärstes Beispiel hierfür ist die Volkswagen Coaching GmbH, deren Ziel darin besteht, die Personalakquisition, -entwicklung und -administration zu optimieren. Da heutzutage mehr und mehr Teamarbeit geleistet wird, ist für Einzelkämpfer kaum noch Platz. Von Ihnen als neuem Mitarbeiter wird Anpassungsfähigkeit und generelle Einsetzbarkeit erwartet.

In manchen Positionen sind v.a. leistungsorientierte Menschen gefragt. Wer unabhängig von einem direkten Vorgesetzten arbeiten muss, sollte außerdem ein hohes Maß an Selbstständigkeit und -sicherheit mitbringen.

Sind diese Persönlichkeitsmerkmale für die von Ihnen angestrebte Stelle erforderlich, so werden sie im Vorstellungsgespräch unweigerlich zur Sprache kommen.

12 Persönlichkeitsvariablen

Die Anforderungen an Bewerber haben sowohl auf der Sach- als auch auf der Beziehungsebene, im beruflichen sowie im privaten Bereich eine Intensität erreicht, die zunehmend mehr Menschen überfordert. Die Konsequenz: Wer sich in der Anforderungs- und Reizüberflutung geistig-seelisch behaupten will, muss sehr bewusst mit sich umgehen. Die Forschung zeigt uns, dass mehrere Wege zu diesem Ziel führen. Aber eines ist allen gemeinsam: Die Weichen für das Überleben im bewussten oder unbewussten, fremd- oder selbst verursachten Dauerstress werden im Kopf gestellt. Das Personalbüro heute sucht deshalb nach Mitarbeitern mit einem hohen Grad an mentaler Fitness.

Mentale Fitness ist auch ein Einstellungskriterium

Unsere Vorfahren haben es bereits gewusst und wir wohl wieder vergessen. Denn warum sonst würden wir den Satz „Der Glaube versetzt Berge“ immer wieder ein wenig belächeln.

Trotzdem, wenn wir der neuen Forschung im Bereich der Neurobiologie glauben, dann trifft es tatsächlich zu, dass der Glaube Berge versetzen kann.

Unser Denken und Fühlen beeinflusst unser Verhalten

Alles, was wir fühlen und denken, jede bewusste und unbewusste Veränderung unseres Verhaltens ist das Ergebnis komplexer Vorgänge zwischen den Nervenzellen unseres Gehirns.

Seelisches Wohlbefinden hat seinen Ursprung in den Nervenzellen des Gehirns ebenso wie Unbehagen und seelische Störungen. Gleichermaßen wirken psychotherapeutische Verfahren durch ihren Einfluss auf die Gehirnzellen und deren Vernetzungen.

Ein besonderes Ergebnis der neurobiologischen Forschung ist der Nachweis der Verknüpfung unseres Gehirns mit dem Immunsystem und den Körperdrüsen durch Nervenfasern und Hormone. Diese Erkenntnisse haben weit reichende Folgen, und zwar nicht allein in medizinischer Hinsicht, sondern auch im Hinblick darauf, wie Menschen mit sich selbst umgehen.

Menschen können sich krank, aber auch gesund denken

Vereinfacht ausgedrückt heißt das, Menschen können sich krank denken, aber sie können sich auch gesund denken.

Welche Gedankenstrukturen der jeweilige Bewerber für sich selbst bevorzugt, das lässt sich leicht im Vorstellungsgespräch herausfinden. Die Fragen hierzu finden Sie im zweiten Teil dieses Kapitels.

Das Ziel der Interviewer ist ebenfalls ein ganz praktisches: Durch geschicktes Fragen können sie einen „krankenfreien" Mitarbeiterstamm heranziehen – Mitarbeiter, die allen Grippeanstürmen zum Trotz gegen Wind und Wetter gefeit sind und mit hoher Wahrscheinlichkeit auch dann zur Arbeit erscheinen, wenn es ihnen einmal nicht so besonders gut geht. Ein niedriger Krankenstand von nur 5,2 Prozent ist nicht Zufall, sondern auch die Folge einer guten Personalpolitik.

Ein niedriger Krankenstand ist Folge einer guten Personalpolitik

Als Phänomen ist bekannt, dass bestimmte Vorgesetzte einen hohen Krankenstand erzeugen, egal in welcher Abteilung sie beschäftigt werden. So nehmen häufig Vorgesetzte, wenn sie in eine „gesunde Abteilung" versetzt werden, ihren Krankenstand mit. Das allgemeine Betriebsklima selbst kann ebenfalls die Krankheitsrate hoch treiben.

In der medizinischen Diskussion geht man inzwischen schon ein wenig weiter. So nimmt man durchaus an, dass zwar nicht sehr häufige, aber immer wieder vorkommende Spontanheilungen von an und für sich unheilbaren Krankheiten im Bereich der neurobiologischen Verknüpfungen liegen. Weiter gehend sagt das aber noch viel mehr aus. Das Denken jedes einzelnen Bewerbers kann generell sowohl Problem, Flucht oder auch Chance sein. Mit anderen Worten: Die Art und Weise, in der ein Bewerber denkt – wie er in seinem Kopf mit all den beruflichen Inhalten und alltäglichen Problemen umgeht, womit er sich befasst, was er bewältigen muss –, bewegt ihn letztendlich dazu, im Beruf eher anspornende, motivierende Erfolge zu haben oder frustrierende Misserfolge zu verzeichnen.

Positives Denken ist wichtig im Vorstellungsgespräch

Auf den Alltag angewendet heißt das, dass der Mensch nicht ausschließlich ein starres Produkt seiner Erbanlagen ist, sondern ebenso seiner Erziehung und seiner Umwelt. Menschen sind in einem geradezu gefährlich unterschätzten Ausmaß das Produkt ihres eigenen Denkens.

Während im Sport das Wissen um diese Zusammenhänge mittlerweile zu dem „mentalen Training“ geführt hat, dem neben der körperlichen Belastung dieselbe Priorität eingeräumt wird, dringt dieser Gedanke nur allmählich in den Berufsalltag.

Auch für Nichtsportler ist mentales Training ein Weg, um die ideale Leistungsform zu erreichen und zu erhalten. Auch im beruflichen Alltag müssen höchste Leistungen erbracht werden. Die persönliche Einstellung zur eigenen psychischen Topform ist die beste Basis, um Krisen zu meistern, in seinen Leistungen beständig zu sein und das Beste zu geben.

Mentale Fitness ist der Schlüssel zum Erfolg

Mentale Fitness ist der Schlüssel zu einem bewussteren, entspannteren und deutlich zielorientierten Leben. Personalchefs sind inzwischen dazu übergegangen, ewige Nörgler, also Negativdenker, von positiv eingestellten Bewerbern zu unterscheiden. Sie bevorzugen auf jeden Fall den positiven Bewerber, denn nicht allein der Mensch selbst ist das Produkt seines Denkens, sondern das ganze Unternehmen ist das Ergebnis der mentalen Fitness der dort beschäftigten Personen.

Richten Sie Ihr Denken auf die positiven Aspekte

Welche konkreten Schritte können Sie nun unternehmen, um im Bereich der Positiven zu landen? Im Grunde genommen ist es nur ein einziger Schritt. Sie dürfen das, was geschieht, nicht einfach hinnehmen, sondern Sie müssen sich intensiv darum bemühen, Ihr Denken stets auf die positiven Aspekte zu richten.

Was beim Ideensammeln, beim Brainstorming, seinen geregelten Ablauf hat, zum Beispiel die Ideen einfach so vor sich hin fließen zu lassen, ist für Lebensfreude, Gesundheit und Karriere nicht förderlich. Grübeln und Sorgen belasten und machen krank.

Körperpflege haben wir schon lange zu einem kulturellen Standard erhoben. Auf die Pflege unserer Gedanken verschwenden wir aber keine Mühe. Dabei ist Denkhygiene, ebenso wie Sport und

Körperpflege, eine Grundvoraussetzung für ein gesundes, frustrationstolerantes Leben voller Leistungsfähigkeit.
Das bedeutet nun nicht, dass man alles mit einer rosaroten Brille sehen soll, um jeden kritischen Gedanken zu verbannen. Es bedeutet aber immerhin so viel, dass man versuchen soll, das unentwegte Grübeln zu beenden. Gedanken, die stets um einen negativen Kern kreisen, müssen unterbrochen und durch etwas Positives, etwas, das Freude macht, ersetzt werden.

Verbannen Sie Ihre negativen Gedanken während des Vorstellungsgesprächs

Immerhin, im Vorstellungsgespräch wird es nicht schwer sein, für ein paar Minuten die negativen Kreisgedanken aus der Welt zu schaffen. Da sieht es im wirklichen Leben dann ganz anders aus.
Wie erreicht man schließlich einen akzeptablen Grad an geistiger Fitness?
Wenngleich dies wohl nicht der Gegenstand eines Vorstellungsgesprächs sein kann, so will ich trotzdem ganz kurz andeuten, in welche Richtung Ihre Antworten bei Fragen in Bezug auf mentale Fitness gehen sollten.

Selbstdisziplin

Geliebte Gewohnheiten aufgeben

Zum einen ist da die Selbstdisziplin, ein Begriff, der immer wieder in Vorstellungsgesprächen auftaucht. Oft wird er auch unter den Begriffen Autodisziplin, Berufsdisziplin, Motivation, Leistungsbereitschaft etc. angesiedelt. Zur Selbstdisziplin gehört, dass man jede gestellte Aufgabe so gut wie möglich erledigt. Das ist gewiss harte Arbeit, denn manchmal muss man geliebte Angewohnheiten aufgeben und alte Verhaltensmuster ändern, um ein höheres Ziel zu erreichen.

Selbstkontrolle

Gewinnen Sie die Kontrolle über Ihr Denken und Handeln

Eine bewusste Selbstdisziplin führt nach einer Zeit der Gewöhnung automatisch zur Selbstkontrolle. Nach und nach gelangen Sie zu einer Kontrolle darüber, was Sie tun, wie Sie denken und wie Sie reagieren. Ohne Selbstkontrolle können Sie das Vorhaben, der Beste zu sein, gar nicht erst verwirklichen.

Selbstvertrauen

Vertrauen Sie Ihren neu gewonnenen Fähigkeiten

In dem Maß, in dem Sie mehr und mehr die Kontrolle über sich selbst ausüben können, gewinnen Sie Vertrauen zu diesen neuen Fähigkeiten.

Beinahe zwangsläufig stellt sich so mehr und mehr Selbstvertrauen zu sich und den eigenen Fähigkeiten ein. Selbstvertrauen ist der Glaube an sich selbst, an die eigenen Fähig- und Fertigkeiten, und der Wille, diese bewusst und wirksam einzusetzen, um seine Ziele zu erreichen.

Selbstverwirklichung

Selbstverwirklichung bedeutet, sein ganzes Talent und Können zu entfalten

Kommen wir schließlich zur vierten Stufe der mentalen Fitness. Es ist die Selbstverwirklichung. Wenn Arbeitnehmer sich in ihrem Beruf selbst verwirklichen können, dann haben sie mit Fug und Recht den optimalen Arbeitsplatz gefunden. Die Selbstverwirklichung bedeutet, an dem vorgegebenen Arbeitsplatz sein ganzes Talent und Können zu entfalten, so dass man mit seiner Arbeit glücklich und zufrieden ist. Damit sind sämtliche Möglichkeiten offen, und jeder kann sein volles Potenzial nutzen.

So ist das neu gefundene Leistungsniveau der Ausdruck dessen, was man innerlich erreichen möchte und erreichen kann, um wirklich innere Zufriedenheit zu erlangen.

Es ist zugleich das beglückende Gefühl, nun auch die richtige Leistung zu bringen. Wer diese innere Einstellung hat, wird auch gut arbeiten und seine Arbeit gut bewerten – als Folge eines harmonischen inneren Gefühlszustandes. Im Grunde genommen ist mentale Stärke die Fähigkeit, die richtige Art eines inneren, produktiven Gefühlszustandes herzustellen und über längere Zeit aufrechtzuerhalten.

Mentale Fitness ist erlernbar

Mentale Fitness ist eine erlernbare, aber keine angeborene Fähigkeit. Wenn Sie von der Psyche her stark sind, dann haben Sie gelernt, stark zu sein. Der Prozess, mit dem Sie diese mentale Fitness erwerben, ist genau der gleiche, mit dem man körperliche Leistungsfähigkeit erwirbt. Dazu gehören harte Arbeit, Übung und Einsicht.

Im Vorstellungsgespräch selbst werden Sie an Ihren Fähigkeiten der mentalen Fitness gemessen. Gefragt werden Sie nach Lebensfreude, Ihren Lebenszielen, nach dem Gefühl, die Dinge in der Hand zu haben, nach der Kontrolle über sich selbst und über das eigene Leben und nach Ihren Leistungsmöglichkeiten. Ob diese zum Beispiel schon ausgereizt sind oder ob es da noch etwas an Spielraum gibt.

Konzentration/Belastbarkeit

Eine der Variablen, die im Vorstellungsgespräch gerne überprüft werden, ist der Themenbereich „Konzentration und Belastbarkeit". Da dieser unmittelbar mit mentaler Fitness zusammenhängt, ist es nicht verwunderlich, wenn sich psychologisch geschulte Interviewer in dieser Thematik besonders hervortun.

Die folgenden Fragen und Antworten sind wiederum aus vielen Vorstellungsgesprächen zusammengestellt. Die Antworten stellen die beste Strategie dar, sie sind so gewählt, dass Sie den besten Eindruck hinterlassen.

z.B

Fragen und Antworten zu Konzentration und Belastbarkeit

F: „Gab es bestimmte Aufgaben oder Tätigkeiten, die Ihnen schon immer schwer fielen?“

A: „Ja, solche Aufgaben gab es immer und ich denke, man kann auch an solchen Aufgaben wachsen.“

F: „Wie sind Sie mit solchen Aufgaben fertig geworden?“

A: „Ich habe mich intensiv mit diesen Aufgaben beschäftigt und sie als persönliche Herausforderung betrachtet. Nach und nach bin ich mit der Aufgabe gewachsen.“

F: „Mussten Sie schon einmal eine umfangreiche Aufgabe innerhalb kürzester Zeit erledigen? Wie haben Sie sich da gefühlt?“

A: „Ich habe eine große Anspannung und viel Stress gespürt. Trotzdem fand ich gerade diesen Zeitdruck sehr motivierend und es ist ein unvergleichliches Erfolgserlebnis, wenn man es ‚wieder einmal‘ geschafft hat.“

F: „Wenn eine Situation wirklich stressig ist, wie gehen Sie damit um?“

A: „Ich versuche, diese Situation erfolgreich durchzustehen. Manchmal setze ich auch bewusst Entspannungstechniken ein.“

F: „Können Sie die Arten von Druck präzise beschreiben, die Sie bei der Ausführung dringender Tätigkeiten fühlen?“

A: „Eigentlich schon, aber dazu muss ich eher medizinisch-psychologisches Vokabular benutzen. Vielleicht könnte man es mit nervöser Anspannung etwas genauer ausdrücken.“

F: „Welche Aufgabe haben Sie in Ihrer letzten Position als ... extrem langweilig empfunden? Wie sind Sie damit umgegangen?“

A: „Am langweiligsten habe ich immer Routinearbeiten empfunden. Diese habe ich nach und nach delegiert. Das hat mir einerseits neue Herausforderungen gegeben und andererseits konnte ich die ‚Routinen' befriedigt ablegen."

F: „Wo haben Sie deutliche Konzentrationsschwächen erlebt?"
A: „Bei länger andauernden Routineaufgaben konnte ich mich nach einer gewissen Zeit nicht mehr richtig konzentrieren."

F: „Haben Sie sich über bestimmte Arbeitsangewohnheiten Ihrer Mitarbeiter geärgert?"
A: „Nein, eigentlich nicht. Natürlich sind bestimmte Arbeitsvorgänge verbesserungsfähig, aber meine Mitarbeiter haben sich durchweg als lernfähig erwiesen."

F: „Nun zum Thema Konflikte: Wie gehen Sie innerhalb des Kollegenkreises damit um?"
A: „Ich versuche, Konflikte anzusprechen. Oft kann man sie durch eine Aussprache lösen. Bei tiefer gehenden Animositäten ziehe ich eine Trennung vor."

Flexibilität und Anpassungsfähigkeit

Der Arbeitsmarkt wird enger, daran gibt es keinen Zweifel. Das gilt nicht nur für die Industrie generell, sondern auch für den einzelnen Betrieb.

Wachsende Arbeitslosigkeit und harte Konkurrenz auf dem Arbeitsmarkt

Seit über 20 Jahren steigt in jeder Konjunkturkrise die Zahl der Arbeitslosen. Die Ursachen der wachsenden Arbeitslosigkeit sind bekannt: Auf der einen Seite werden immer mehr Waren und Dienstleistungen von immer weniger Menschen hergestellt bzw. erbracht, weil der technische Fortschritt eine ungeheuere Steigerung der Arbeitsproduktivität ermöglicht. In vielen Bereichen der

Industrie genügen inzwischen zehn Beschäftigte, um dieselbe Produktivität zu erreichen wie 40 Beschäftige vor 20 Jahren.
Die zunehmende internationale Konkurrenz beschleunigt diese Entwicklung ständig.
Während immer weniger Arbeitsstunden zur Herstellung der Waren bzw. zur Verrichtung der Dienstleistungen benötigt werden, wächst die Zahl derer, die Erwerbsarbeitsplätze suchen, durch Zuwanderer und Frauen. Da sich aber die Anzahl der Arbeitsplätze trotz günstiger Konjunktur nur wenig erhöht, ist um die verbliebenen Plätze ein harter Kampf entstanden.
Die Arbeitgeber versuchen, ihre begehrte Ware „Arbeitsplatz“ so „teuer“ wie möglich zu verkaufen. Das heißt, aus einem einmal geschaffenen Arbeitsplatz soll das Maximum herausgeholt werden. Da die Löhne zumeist tariflich festgelegt sind, ist durch Druck auf den Lohn nichts zu machen. Allerdings scheint es möglich, mit Hilfe einer sehr selektiven Personalauswahl diejenigen Arbeitnehmer zu erfassen, die für denselben Lohn das Doppelte leisten. Wir haben darüber bereits zu Beginn dieses Kapitels gesprochen.

Flexibilität und Anpassungsfähigkeit sind gefragt

Wenn es hier nun um Flexibilität und Anpassungsfähigkeit geht, dann ist damit gemeint, dass Mitarbeiter gesucht werden, die möglichst universell einsetzbar sind und die über den gesamten Zeitraum der Präsenz am Arbeitsplatz eine möglichst hohe Leistung erbringen.

Die Palette der Selektionstests des Personalchefs

Dass eine solche Selektion möglich ist, steht vollkommen außer Zweifel. Die Mittel dazu wurden bereits vor 30 Jahren von der psychologischen Forschung zur Verfügung gestellt. Neben Tests, Assessment-Center, Graphologie und Beobachtung stellt das Vorstellungsgespräch nur einen kleinen Auszug aus der Palette der Möglichkeiten dar, die sich anbieten. Da das Interview gängigerweise bei jeder Bewerbung angewandt wird, konzentrieren sich viele Personalchefs auf diese Art der Selektion.
Die hier vorgestellten Fragen sind typisch für den oben genannten Bereich. Die Antworten sollen wiederum eine optimale Hilfe für Ihr nächstes Vorstellungsgespräch sein.

Fragen und Antworten zu Flexibilität und Anpassungsfähigkeit

F: „Wie stehen Sie zu Überstunden? Wären Sie bereit, im Falle eines Falles wirklich länger zu arbeiten?"
A: „Wenn es nötig ist, habe ich nichts gegen Überstunden einzuwenden."

F: „Fühlen Sie sich für diese Arbeit voll und ganz fit?"
A: „Ja, ich kann ganz sicher sagen, dass ich diese Arbeit beherrsche."

F: „Haben Sie früher schon einmal die Arbeit eines anderen Mitarbeiters ganz oder teilweise mit übernehmen müssen?"
A: „Ja, das war der Fall. Wir haben uns im Büro die Arbeit eines kranken Kollegen aufgeteilt und während der Zeit seiner Abwesenheit mit übernommen."

F: „Wie hat das geklappt?"
A: „Das war natürlich mit einer erheblichen Mehrarbeit verbunden, aber es hat ganz gut funktioniert."

F: „Sind Sie schon einmal wegen einer interessanten neuen Stelle umgezogen?"
A: „Ja, das habe ich bereits zweimal gemacht."

F: „Hat das gut funktioniert?"
A: „Ja und nein, die Kinder hatten in der Schule doch erhebliche Umstellungsschwierigkeiten. Beruflich gab es keine Probleme."

F: „Ist es Ihnen schon einmal passiert, dass bei einem Projektauftrag alles ganz anders lief, als es geplant war, so dass Sie zum Beispiel alles umstellen mussten?"
A: „Ja, das ist mir einmal passiert."

F: „Wie haben Sie da reagiert?"
A: „Ich habe mir die Planungsdaten vorgenommen und das ganze Projekt so verändert, dass eine sinnvolle Arbeit möglich wurde."

F: „Gibt es in Ihrem Arbeitsumfeld auch starke Veränderungen, Neuerungen und Schwankungen? Wie können Sie damit umgehen?"
A: „Ja, jeder Arbeitsplatz ist von einem Umfeld umgeben, das sich laufend verändert. Ich versuche, mich stets an die neuesten Entwicklungen anzupassen."

F: „Bevorzugen Sie Tätigkeiten, bei denen Sie nicht so sehr viel Verantwortung tragen müssen?"
A: „Nein, das kann ich nicht behaupten. Das Gegenteil ist wohl eher richtig."

F: „Haben Sie Schwierigkeiten, wenn Sie alte Gewohnheiten ablegen müssen?"
A: „Nein, das kann ich nicht behaupten. Trotzdem trauere ich manchmal manchen geliebten Gewohnheiten nach."

F: „Fühlen Sie sich manchen Problemen hilflos ausgeliefert?"
A: „Nein, das ist glücklicherweise nicht der Fall."

F: „Bevorzugen Sie es, wenn jemand anders die Führung übernimmt?"
A: „Nicht immer; manchmal ist mir das aber auch recht angenehm."

F: „Wenn jemand auf die Idee kommt, am nächsten Wochenende nach Paris zu fahren, fahren Sie mit?"
A: „Ja, ich denke, dass ich mir das nicht entgehen lassen würde."

F: „Sind Sie der Meinung, dass Mitarbeiter durch eine bessere Führung eher motiviert werden können?"
A: „Ja, da sehe ich einen Zusammenhang, es sind aber noch weitere Faktoren da, die die Motivation beeinflussen können."

F: „Wie reagieren Sie, wenn andere nervös werden?"
A: „Wenn andere allzu nervös werden, versuche ich, ruhig und aufmerksam zu bleiben."

F: „Wie treffen Sie Entscheidungen?"
A: „Bevor ich mich entscheide, wäge ich die entsprechenden Risiken und Nebenwirkungen ab."

Führungsqualitäten

Durchsetzungsvermögen, Zielstrebigkeit und Einflussnahme

Voraussetzungen für Führungspositionen

Fragen an Führungskräfte zielen immer wieder auf die oben genannten Eigenschaften ab. Dieses Kapitel beschäftigt sich mit den Variablen Führungsverhalten und -bereitschaft – zwei wichtigen Voraussetzungen im Management.
Wenn Sie sich für eine Führungsposition beworben haben, so sollten Sie sich die nächsten Fragen genau ansehen. Sicher werden Sie die eine oder andere in Ihrem nächsten Vorstellungsgespräch wieder erkennen. Bereiten Sie sich sorgfältig vor und üben Sie die folgenden Fragen und Antworten in einem Rollenspiel.

Fragen und Antworten zu Durchsetzungsvermögen, Zielstrebigkeit und Einflussnahme

F: „Wie haben Sie sich bisher verhalten, wenn bei einem beruflichen Vorhaben unerwartete Schwierigkeiten auftauchten?"

A: „Es gab einige Vorhaben, die durch plötzliche Schwierigkeiten gestoppt wurden. Im Allgemeinen versuche ich, die Probleme genauer zu analysieren. Daraus hat sich bisher immer eine Lösung ergeben."

F: „Schildern Sie eine Situation, in der Sie sich erfolgreich gegen die Ansichten Ihres Umfeldes durchgesetzt haben."

A: Bereiten Sie sich auf diese Frage sorgfältig vor. Suchen Sie ein Beispiel aus dem Berufsalltag mit einem positiven Ausgang.

F: „Haben Sie schon einmal mit verschiedenen Ebenen Ihres Unternehmens zusammenarbeiten müssen, um ein bestimmtes Vorhaben zu erledigen?"

A: Wenn ja: Benennen Sie diese Aufgabe und beschreiben Sie den genauen Arbeitsauftrag. Wenn nein: Begründen Sie, warum Ihnen eine solche Aufgabe nicht übertragen wurde.

F: „Welches waren dabei Ihre Arbeitsstrategien?"

A: Beschreiben Sie Ihre Vorgehensweise und Ihre Überlegungen.

F: „Mit welchen Ebenen oder Bereichen sind Sie in Ihrem Unternehmen am besten ausgekommen?"

A: Schildern Sie Ihre Erfahrungen.

F: „Können Sie sich an eine Situation erinnern, in der Sie oder ein Kollege eindeutig gegen die Weisung eines Vorgesetzten verstoßen hat?"

A: Wenn ja: Schildern Sie den Vorfall.

F: „Wann halten Sie solch ein Vorgehen für gerechtfertigt?"
A: „Nur dann, wenn diese Anweisung zu einem Verlust für die Firma oder zu einer gefährlichen Situation für die Mitarbeiter führen würde."

F: „Wie haben Sie bisher schon Verbesserungsvorschläge realisiert?"
A: Berichten Sie einen konkreten Fall.

F: „Nach welchem Organisationsschema arbeiten Sie?"
A: „Ich erstelle für meine Aktivitäten einen genauen Zeitplan."

Führungsbereitschaft

Die folgenden Fragen und Antworten werden im Hinblick auf Ihre Führungsbereitschaft und Ihr -verhalten gestellt. Immer dann, wenn Sie sich um eine Führungsposition bewerben, sind diese Fragen für Sie besonders wichtig.
Sehen Sie sich diese Fragen genau an und versuchen Sie, die vorgegebenen Antworten so abzuändern, dass sie auf Ihre Situation passen.

Mit solchen Fragen werden Bewerber um Führungspositionen konfrontiert

Fragen und Antworten zur Führungsbereitschaft und zum Führungsverhalten

F: „Wenn Sie über die Unternehmensphilosophie Ihres derzeitigen Unternehmens nachdenken, wie könnte sie verbessert werden?"
A: Schildern Sie zunächst die Unternehmensphilosophie Ihres derzeitigen Arbeitgebers. Unterbreiten Sie dann einen kritischen und konstruktiven Gegenentwurf.

F: „Gab es in Ihrer Laufbahn schon einmal die Situation, dass Sie entgegen Ihrer eigenen Meinung eine bestimmte Firmenstrategie oder -philosophie vertreten mussten? Wie haben Sie da gehandelt?"
A: Wählen Sie ein Beispiel aus Ihrem Berufsleben. Versuchen Sie, einen positiven Ausgang darzustellen.

F: „Können Sie uns einige Maßstäbe nennen, nach denen Sie das Verhalten von Mitarbeitern und Mitmenschen beurteilen?"
A: „Ich halte mich dabei strikt an die ethischen Grundlagen."

F: „Nennen Sie uns die Verantwortungsbereiche, die Ihrer Meinung nach für eine Führungskraft besonders wichtig sind."
A: „Die Verantwortung gegenüber den Mitarbeitern (Arbeitsplatzsicherheit) und die Verantwortung gegenüber den Anteilseignern (Shareholder-Value)."

F: „Wie sieht es bei Ihnen aus, haben Sie bisher schon eine persönliche Verantwortung übernommen?"
A: Schildern Sie Ihre eigenen bisherigen Verantwortungsbereiche.

F: „Nennen Sie einige Ihrer Eigenschaften, die Ihnen als Führungskraft besonders nützlich wären."
A: Nennen Sie Ihre besten Eigenschaften, und begründen Sie, warum diese besonders nützlich sind. Beispiele: Kontaktfreude, Motivation, Fleiß, Ausdauer, Begeisterung von Mitarbeitern ...

F: „Wo wollen Sie in fünf Jahren stehen?"
A: Geben Sie ein realistisches Berufsziel an.

F: „Haben Sie bereits in der Bundeswehr Erfahrungen als Führungskraft sammeln können?"

A: „Ja, ich bin Leutnant der Reserve. Ich war als Stellvertreter des Hauptmanns für die zweite Kompanie verantwortlich." (Oder eine andere sinnvolle Antwort.)

F: „Wie haben Sie sich dabei gefühlt? Was gefiel Ihnen und was nicht?"

A: „Ich habe mich in der Aufgabe als Vorgesetzter sehr wohl gefühlt. Mit meinen Untergebenen hatte ich kaum Probleme. Mir gefiel der soziale Status und die Herausforderung der Verantwortung für meine Mitarbeiter."

F: „Wenn Sie nun an Ihre eigenen Vorgesetzten denken, was hat Ihnen am meisten missfallen?"

A: „Ich hatte das Glück, bisher immer recht gute Vorgesetzte zu haben." Schimpfen Sie niemals über Ihre bisherigen Vorgesetzten! Versuchen Sie, sachliche, emotionslose Kritik zu üben.

F: „Welche Schlussfolgerungen ziehen Sie daraus für sich?"

A: Überlegen Sie sich eine sinnvolle Schlussfolgerung.

F: „Wie können Sie als Einzelner dazu beitragen, die Atmosphäre im Team zu fördern?"

A: „Ich denke, dass es vor allem auf den Respekt ankommt, den man den anderen entgegenbringt. Ich bemühe mich immer um ein gutes Auskommen, ums Zuhören und um einen gemeinsamen Konsens."

F: „Wenn Sie nun an Ihre derzeitige Tätigkeit denken, wo müssen Sie besonders eng mit anderen zusammenarbeiten?"

A: Schildern Sie eine entsprechende Situation.

Trainingblock Kapitel 12

Bitte beantworten Sie die folgenden Fragen. Die Auflösung finden Sie im Anhang.

1. Weshalb wird so viel Wert auf die Grundeinstellung des Bewerbers gelegt – es geht doch schließlich um den Job und nicht um die Einstellung zum Leben generell, oder?
2. Was versteht man unter mentalem Training?
3. Wie kann mentales Training zum Erfolg beitragen?
4. Man spricht in Firmen bereits von geistiger Fitness. Was gehört dazu?
5. Ist mentale Fitness angeboren?
6. Welche Voraussetzungen verbessern die Chance, einen der begehrten Arbeitsplätze zu erhalten?
7. Welche Führungsqualitäten sind besonders wichtig?
8. Wie sollten Sie auf die Frage nach Ihrem letzten Vorgesetzten antworten, der sich Ihnen gegenüber sehr unfair verhalten hat?
9. Wie können Sie Ihre Führungsqualitäten überzeugend darstellen?
10. Wenn Sie Zweifel haben, in irgendeinem Teilbereich nicht ganz fit zu sein, sollten Sie das sagen?

Zusammenfassung

Das Personalbüro von heute sucht nach Mitarbeitern mit einem hohen Grad an mentaler Fitness. Deshalb checkt man Sie im Vorstellungsgespräch auch nach folgenden Punkten: Lebensfreude, Lebensziele, nach dem Gefühl, die Dinge in der Hand zu haben, nach der Kontrolle über sich selbst. Weiterhin fragt man Sie über Ihr eigenes Privatleben aus. Durch geschicktes Fragen können Personalchefs sich einen „krankenfreien" Mitarbeiterstamm heranziehen, denn Menschen können sich krank, aber auch gesund denken. Mentale Fitness ist eine erlernbare und keine angeborene Fähigkeit, d.h., Sie können Ihren Geist ebenso trainieren wie Ihren Körper. Bemühen Sie sich intensiv, Ihr Denken auf die positiven Aspekte zu richten. Zumindest im Vorstellungsgespräch sollte es Ihnen gelingen, für ein paar Minuten die negativen Gedanken aus der Welt zu schaffen. Zur mentalen Fitness gehören auch Selbstdisziplin, -kontrolle und -vertrauen. Auch diese Eigenschaften werden von Ihren Interviewern getestet.

Gerade auf dem heutigen Arbeitsmarkt sind Flexibilität und Anpassungsfähigkeit gefragt. Sind Sie bereit, aus beruflichen Gründen umzuziehen? Wie gehen Sie mit Krisensituationen um oder mit unerwarteten Ereignissen? Bedenken Sie, dass Ihr künftiger Arbeitgeber einen möglichst universell einsetzbaren und krisenfesten Mitarbeiter sucht.

Gewünschte Führungsqualitäten wie Durchsetzungsvermögen, Zielstrebigkeit und Einflussnahme können Sie durch Rollenspiele einüben.

13 Der Gesprächsabschluss

Kommen wir nun zum Schluss des Vorstellungsgesprächs. Nachdem die vorausgehenden Punkte zur allseitigen Zufriedenheit geklärt wurden, wird das Gespräch unweigerlich auf ein Vertragsangebot hinauslaufen.
Worauf sollten Sie achten, wenn Ihnen ein Arbeitsvertrag angeboten wird?

Arbeitsvertrag

Vertragsfreiheit oder nicht?

Beim Arbeitsvertrag herrscht grundsätzlich vollkommene Vertragsfreiheit, das gilt für Führungskräfte und außertarifliche Angestellte. Bei allen übrigen Arbeitsverhältnissen gibt es gesetzliche und tarifrechtliche Vorgaben.
Nach dem Bürgerlichen Gesetzbuch (BGB) sind Sie zu den Leistungen verpflichtet, die Sie im Arbeitsvertrag unterschrieben haben.

Weisungs- und Direktionsrecht des Arbeitgebers

Der Inhalt des Arbeitsvertrags ist verbindlich. Er wird durch einzelne Abmachungen, die Arbeitnehmerschutzbestimmungen, die Tarifverträge und die Betriebsvereinbarungen bestimmt. Dem Arbeitgeber steht zudem ein Weisungs- und Direktionsrecht zu.
Aus diesem Grund kann der Arbeitgeber oder dessen Stellvertreter, in der Regel ein Vorgesetzter, Ihnen bestimmte Arbeiten auftragen. Die beiderseitigen vertraglichen Vereinbarungen sind in Rechte und Pflichten aufgeteilt.

Rechten und Pflichten von Arbeitnehmer und -geber

Ihre Rechte als Arbeitnehmer

→ Recht auf Beschäftigung
→ Vergütungsanspruch
→ Urlaubsanspruch
→ Kündigungsschutz
→ Arbeitnehmerschutzrecht
→ Koalitionsrecht
→ Streikrecht
→ Arbeitnehmermitspracherecht
→ Recht zur Beendigung des Arbeitsverhältnisses
→ Folgerechte nach Beendigung des Arbeitsverhältnisses

Die Rechte des Arbeitgebers

→ Alle Rechte aus dem Arbeitsvertrag
→ Weisungsrecht
→ Recht zur Beendigung des Arbeitsverhältnisses
→ Koalitionsrecht
→ Aussperrung

Ihre Pflichten als Arbeitnehmer

→ Arbeitspflicht
→ Treuepflicht
→ Gehorsamspflicht
→ Verschwiegenheitspflicht
→ Wettbewerbsbeschränkungen

Die Pflichten des Arbeitgebers

→ Vergütungspflicht
→ Fürsorgepflicht
→ Pflicht zur Gleichbehandlung (eventuell Frauenquote)

→ Beschäftigungspflicht
→ Haftpflicht

!

Den vorgelegten Arbeitsvertrag sollten Sie unbedingt sorgfältig durchlesen und notwendige Ergänzungen sofort mündlich anmelden. Spätestens bei der Unterzeichnung des Vertrags müssen Nebenabreden, die Sie eventuell sogar nur am Telefon getroffen haben, schriftlich fixiert werden.
Wird die Tätigkeit fachlich umschrieben, so kann Ihnen der Arbeitgeber alle Arbeiten zuweisen, die sich mit dem Berufsbild vereinbaren lassen. Bei einer genau festgelegten Tätigkeit muss nur diese konkret verrichtet werden.

Probezeit und sechsmonatige Kündigungsfrist

Im Arbeitsvertrag wird in der Regel eine Probezeit vereinbart. Doch auch ohne diesen Passus ist in den ersten sechs Monaten eine Kündigung problemlos möglich.
Ihr Ziel wird sein, einen unbefristeten Arbeitsvertrag zu erhalten, dem eine Probezeit vorgeschaltet ist. Doch dieses Ziel wird nicht immer erreicht. Immer häufiger werden Arbeitsverhältnisse befristet abgeschlossen. Über 20 Prozent der neu abgeschlossenen Arbeitsverträge sind heute Zeitverträge.

Job-Sharing und Personal-Leasing als Alternative

Spezielle Arbeitsverträge, wie sie beim Job-Sharing oder beim Personal-Leasing vorkommen, können mit einem Zeitarbeitsunternehmen vereinbart werden. Diese Art der Beschäftigung stellt eine Alternative zur Dauerarbeitslosigkeit dar. Oft werden qualifizierte Arbeitnehmer von den Kunden der Zeitarbeitsfirmen abgeworben. Vor allem Frauen kommen auf diesem Weg oft in ein festes Arbeitsverhältnis. Etwa 50 Prozent aller ehemaligen Zeitarbeitnehmerinnen werden in Firmen fest angestellt, in die sie durch eine Zeitfirma vermittelt wurden.

Erkundigen Sie sich nach dem branchenüblichen Arbeitsvertrag

Die nachstehenden Fragen- und Antwortbeispiele sollen Ihnen helfen, auf bestimmte typische Fragen gut vorbereitet zu sein. Generell gilt, dass Sie sich zuvor über den Arbeitsvertrag, der in Ihrer Branche üblich ist, erkundigen sollten.

Fragen und Antworten zum Arbeitsvertrag

F: „Wie hoch ist Ihr derzeitiges Einkommen?"
A: Antworten Sie wahrheitsgemäß, wenn der neue Lohn auf der Basis des bisherigen Einkommens berechnet wird.

F: „Welches Gehalt erwarten Sie bei uns?"
A: Häufig wird bei einer neuen Arbeitsstelle ein Gehalt verlangt, das ca. 10 bis 20 Prozent über dem vorhergehenden liegt. Sie können jedoch versuchen, so viel herauszuholen, wie Sie glauben, „wert zu sein".

F: „Was erwarten Sie bei einem Arbeitsplatzwechsel? Soll es nur um eine Gehaltsverbesserung gehen oder sind Ihnen auch Kriterien wie Sozialleistungen, Arbeitsplatzsicherheit und Entwicklungsmöglichkeiten wichtig?"
A: Antworten Sie wahrheitsgemäß. Generell würde ich eine Sowohl-als-auch-Antwort vorschlagen.

F: „Welche Vorstellungen über zusätzliche Leistungen, außer den üblichen Tarifbedingungen, haben Sie, die unser Unternehmen für Sie erbringen müsste?"
A: „Ich könnte mir folgende Leistungen zusätzlich vorstellen ..." Beispiele: Kinderbetreuung, Lohnfortzahlung im Krankheitsfall, Job-Sharing, Telearbeitsplatz, Heimarbeit, Betriebsrente, Fahrtkostenerstattung, Kantine etc.
F: „Üben Sie eine Nebenbeschäftigung aus?"
A: Antworten Sie wahrheitsgemäß, auch wenn es sich „nur" um eine Dozentenstelle an der Volkshochschule handeln sollte.

Fragen an das Unternehmen

Zeigen Sie deutlich Ihr Interesse an der Firma

Bei den eigenen Fragen kommt es natürlich sehr auf Ihre persönliche Situation an. Generell gilt, dass Sie ein deutliches Interesse an der Firma und an einem Arbeitsvertrag zeigen sollten. Ihre Fragen könnten sich auf folgende Themenbereiche beziehen:

Fragen, die Sie Ihrem neuen Arbeitgeber stellen sollten

F: „Welches sind die unternehmerischen Ziele Ihrer Firma in den nächsten fünf Jahren?"

A: Hier wird man Ihnen eventuell ungenaue Angaben machen, auch wenn es sich um eine Führungsposition handelt. Aber eine Antwort, die Ihnen ohne Zögern gegeben wird, weist darauf hin, dass sich die Führungsmannschaft Gedanken um längerfristige Strategien und Ziele macht und dass man offen genug ist, diese auch mit einem Bewerber zu diskutieren.

F: „Welches Produktionsspektrum haben Sie derzeit?"

F: „Wie viele Mitarbeiter beschäftigen Sie?"

F: „Welchen Umsatz macht Ihre Firma jährlich? Wie verteilt sich der Umsatz auf die einzelnen Abteilungen?"

F: „Wie viel Umsatz macht die Abteilung, für die ich arbeiten würde?"

F: „Wie ist Ihre Firma aufgebaut? Gibt es ein Organigramm, aus dem die Aufgabenverteilung in den einzelnen Abteilungen zu ersehen ist?"

F: „Wie würden Sie den Führungsstil Ihrer Firma beschreiben?"
A: Vorsicht vor patriarchalisch geführten Unternehmen, wenn Sie selbst einen modernen Führungsstil pflegen. Sie werden in einer solchen Firma sofort „anecken".

F: „Zum Arbeitsvertrag habe ich noch folgende Fragen ..."
A: Stellen Sie jetzt möglichst detaillierte Fragen zum Vertrag. Es ist Ihre letzte Möglichkeit, ihn zu diskutieren.

F: „Gibt es eine Stellenbeschreibung?"
A: In vielen Unternehmen sind Stellenbeschreibungen heutzutage verpönt, da sie die Aufgaben und Kompetenzen allzu „kleinlich" festlegen. Fragen Sie also nur dann nach einer Stellenbeschreibung, wenn Sie sie für Ihre Tätigkeit tatsächlich benötigen. Erkundigen Sie sich in jedem Fall vorher ausführlich nach Ihren Aufgaben und Kompetenzen, das macht einen besseren Eindruck.

F: „Mit welchen Kollegen werde ich direkt zusammenarbeiten?"
A: Diese Frage zielt auf Ihr zukünftiges Arbeitsumfeld. Achten Sie genau auf die subtilen Zwischentöne, die einiges über potenzielle Schwierigkeiten und Pluspunkte aussagen können.

F: „Welchen Tipp hätte mir mein Vorgänger auf dieser Stelle gegeben, um die Motivation seiner Mitarbeiter zu steigern?"
A: Fragen Sie nur dann nach dem Vorgänger, wenn Ihr Gespräch in einer entspannten Situation stattfindet. Sie wissen nie, ob Sie damit nicht unwissentlich in ein „Fettnäpfchen" treten. Dennoch ist die Antwort auf diese Frage für Sie interessant, da Sie daraus einiges über Ihr zukünftiges Team erfahren können.

F: „Ich denke gerne in globalen Zusammenhängen. Wie stehen Sie zu Vorschlägen zur Arbeitsverbesserung, die nicht direkt meinen Arbeitsbereich angehen?"

A: Eine positive Reaktion auf diese Frage zeigt, dass das so genannte betriebliche Vorschlagswesen in diesem Unternehmen tatsächlich gelebt wird. Diese Frage weist Sie außerdem als vernetzt denkenden Mitarbeiter aus, der gerne gesehen wird.

F: „Wie stehen Sie zum Thema Fortbildung?"
A: Für diese Frage gilt das Gleiche wie für die Frage zum Führungsstil.

F: „Wo bestehen die besten Wohnmöglichkeiten im Einzugsbereich Ihres Unternehmens?"

Verabschiedung

!

Das bereits in Kapitel 3 über die Abschiedsgesten Gesagte gilt auch hier: Hinter der Fassade verbirgt sich weitaus mehr, als man im Normalfall annimmt.

Abschiedsgesten sagen mehr als man glaubt

Im Allgemeinen wird man sich zum Abschied nochmals von der Sonnenseite zeigen. Lächeln Sie, jetzt ist alles überstanden. Sie haben den Vertrag so gut wie sicher in der Tasche. Wahrscheinlich wird Ihnen nun niemand mehr dazwischenfunken. Wenn Sie bei Ihrer Bewerbung bis zum Stadium der Vertragsvereinbarungen gekommen sind, sich aber dann wider Erwarten nicht einigen konnten, so haben Sie dennoch einen großen Erfolg erzielt. Ihre Erfahrungen helfen Ihnen bei der nächsten Bewerbung.

z.B

Fragen und Antworten zur Verabschiedung

F: „Könnten wir uns einmal mit einem Ihrer früheren Vorgesetzten unterhalten?"
A: Seien Sie vorsichtig bei der Beantwortung dieser scheinbaren Abschlussfrage. Im Zweifelsfall hat Ihr Gegenüber bereits

seit langem Erkundigungen eingeholt und testet hier nur noch einmal Ihre Reaktion. Sollten Sie aus verständlichen Gründen keinen gesteigerten Wert darauf legen, dass Ihr bisheriger Arbeitgeber über Sie ausgefragt wird, bieten Sie eventuell andere Referenzen an (etwa den vorletzten Arbeitgeber, der ja ebenfalls über Sie Auskunft geben kann). Antworten Sie allerdings immer höflich und begründen Sie Ihre Zustimmung oder Ablehnung. Also:

A: „Ja, das ist möglich. Ich werde Ihn über einen möglichen Anruf informieren ..."

„Nein, das ist leider nicht möglich. Dafür gibt es bestimmte plausible Gründe ..." (Z.B.: Ich habe ihn noch nicht darüber informiert, dass ich mich eventuell verändern möchte, und möchte dies auch noch nicht tun. Kann ich auf Ihre Diskretion bauen?)

F: „Sind die wichtigsten Punkte nun geklärt?"
A: Bringen Sie jetzt Ihr letztes Anliegen vor.

F: „Wann kann ich Ihnen den Arbeitsvertrag zusenden?"
A: „Ab nächster Woche." (O.Ä.)

F: „Sie sind doch vollkommen gesund?"
A: „Ja, ich denke dafür kann ich ein Attest beibringen." Oder: „Ich denke schon. Wenn Sie möchten, können wir gern einen Gesundheits-Check-up vereinbaren."

Zulässige und unzulässige Fragen

In einem Einstellungsinterview tauchen immer wieder Fragen auf, die zwar von Interesse, aber durch das Gesetz nicht abgedeckt sind.

Nicht jede Frage ist gesetzlich zulässig

Denn nicht jede Frage ist erlaubt, ist gesetzlich zulässig. Insbesondere soll durch solche Einschränkungen das Persönlichkeitsrecht des Einzelnen geschützt werden. Zulässig sind nur Fragen, die sich an der jeweiligen zukünftigen Tätigkeit orientieren. An deren Beantwortung hat der Arbeitgeber ein berechtigtes Interesse.

Im Wesentlichen sind dies Fragen nach fachlicher und persönlicher Eignung sowie nach der zeitlichen Verfügbarkeit des Bewerbers.

Alle gestellten Fragen sollten auch auf andere Bewerber übertragbar sein. Das sind insbesondere Fragen nach den bisherigen beruflichen Erfahrungen sowie dem Werdegang, nach Zeugnis- und Prüfungsnoten und den erworbenen Fähigkeiten, Fertigkeiten und Kenntnissen.

Mit Einschränkungen darf auch die Frage nach dem bisherigen Gehalt gestellt werden.

Beispiele für unzulässige Fragen sind die nach der Religions-, Partei- oder Gewerkschaftszugehörigkeit. Auch Fragen nach dem Lebensumgang, dem Freundschaftsfeld und der sexuellen Präferenz sind unzulässig.

Eine unwahre Antwort auf nicht zulässige Fragen bringt keine Rechtsnachteile mit sich

Wenn eine Frage den zulässigen gesetzlichen Rahmen überschreitet, kann der Bewerber die Unwahrheit sagen, ohne Rechtsnachteile befürchten zu müssen. Der Bewerber hat in diesem Fall das Recht zur Lüge. Jedoch ist zu beachten, dass der Arbeitgeber den Arbeitsvertrag rückwirkend anfechten kann, wenn der Bewerber auf eine zulässige Frage falsch antwortet.

Die folgende Tabelle zeigt eine Zusammenfassung der zulässigen bzw. unzulässigen Fragen. Im Zweifelsfall sollten Sie Ihren Anwalt oder Rechtsberater konsultieren.

Zulässige Fragen

F: „Bestehen bei Ihnen bestimmte Krankheiten, die Ihre derzeitige oder zukünftige Arbeitsleistung beeinflussen könnten?"
A: Die Frage ist zulässig. Antworten Sie wahrheitsgemäß (z.B. Hörschäden, Leistenbruch, Sehfehler, Meniskus etc.).

F: „Wurde Ihnen in der Vergangenheit bereits eine Kur bewilligt? Wenn ja, warum?"
A: Die Frage ist zulässig. Antworten Sie wahrheitsgemäß.

F: „Sind Sie schwer behindert? Können Sie uns den amtlichen Ausweis vorlegen?"
A: Die Frage ist zulässig. Antworten Sie wahrheitsgemäß.

F: „Sind Sie vorbestraft?"
A: Die Frage ist zulässig, wenn ein erhöhtes Sicherheitsbedürfnis beim Arbeitgeber besteht, z.B. wenn es sich um eine Stelle als Sicherheitsbeauftragter, Buchhalter oder Kassierer etc. handelt, sonst ist sie unzulässig.

F: „Wie viel verdienen Sie in Ihrer derzeitigen Stellung?"
A: Die Frage ist zulässig, wenn der neue Lohn oder das Gehalt auf der Basis des bisherigen Einkommens berechnet wird (was in der Regel der Fall sein wird). Sonst ist sie unzulässig.

F: „Wie sehen Ihre Vermögensverhältnisse aus?"
A: Die Frage ist zulässig, wenn es sich um eine besondere Vertrauensstellung handelt. Sonst ist sie unzulässig.

F: „Liegen bei Ihnen Gehalts- oder Lohnpfändungen vor?"
A: Die Frage ist zulässig. Antworten Sie wahrheitsgemäß.

F: „Wie sieht es mit dem Wehrdienst aus? Haben Sie ihn bereits abgeleistet oder steht die Einberufung noch aus?"

A: Die Frage ist zulässig. Antworten Sie wahrheitsgemäß.

F: „Welches Berufsziel streben Sie zukünftig an? Wenn Sie als Abiturient eine Lehre bei uns anfangen, wollen Sie später sicher noch studieren?“
A: Die Frage ist zulässig. Antworten Sie wahrheitsgemäß.

F: „Dürfen wir bei früheren Arbeitgebern Referenzen über Sie einholen?“
A: Die Frage ist zulässig. Sie können die Referenzeinholung allerdings verweigern.

F: „Warum wurden Sie nicht befördert?“
A: Die Frage ist zulässig. Antworten Sie wahrheitsgemäß.

z.B

Unzulässige Fragen

F: „Haben Sie irgendeine erbliche oder ansteckende Krankheit?“
A: Die Frage ist grundsätzlich unzulässig, es sei denn, es besteht ein konkreter Bezug zwischen der Ansteckungsgefahr und dem Arbeitsplatz (z.B. aidskranker Arzt).

F: „Welcher Gewerkschaft gehören Sie an?“
A: Die Frage ist unzulässig. Allenfalls leitende Angestellte können mit dieser Frage konfrontiert werden.

F: „Sind Sie schwanger?“
A: Diese Frage ist grundsätzlich unzulässig, es sei denn, die Frage dient dem Schutz von Mutter und Kind (z.B. bei einem infektionsgefährdeten Arbeitsplatz).

F: „Wie sieht Ihre Familienplanung aus?“
A: Diese Frage ist unzulässig.

Trainingsblock Kapitel 13

Bitte beantworten Sie die folgenden Fragen. Die Auflösung finden Sie im Anhang.

1. Wie sieht es mit den Arbeitsverträgen aus?
2. Woraus besteht der Arbeitsvertrag?
3. Was gehört zu den Rechten als Arbeitnehmer?
4. Welches sind die Pflichten eines Arbeitnehmers?
5. Können Änderungen im Arbeitsvertrag vorgenommen werden?
6. Welche Fragen sind unzulässig?
7. Müssen Sie unzulässige Fragen wahrheitsgetreu beantworten?
8. Ist die Frage nach dem derzeitigen Gehalt zulässig?
9. Müssen Sie die Frage nach der Familienplanung bzw. nach einer Schwangerschaft beantworten?
10. Welche Punkte sollten bei den Fragen an die Firma angeschnitten werden?

Zusammenfassung

In einem Einstellungsinterview tauchen immer wieder Fragen auf, die nicht erlaubt und gesetzlich nicht zulässig sind. Beispiele für unzulässige Fragen sind die nach der Religions-, Partei- oder Gewerkschaftszugehörigkeit. Auf solche Fragen müssen und sollten Sie nicht antworten.
Ist das Vorstellungsgespräch jedoch zur beiderseitigen Zufriedenheit verlaufen, kommt es am Ende des Interviews zu einem Vertragsangebot. Sie sollten sich im Voraus über den Arbeitsvertrag, der in Ihrer Branche üblich ist, erkundigen. Den vorgelegten Arbeitsvertrag sollten Sie sorgfältig lesen und notwendige Ergänzungen sofort mündlich anmelden. In der Regel wird eine Probezeit vereinbart. Doch auch ohne diesen Passus im Vertrag sind Sie in den ersten sechs Monaten problemlos kündbar. Ihr Ziel wird sein, einen unbefristeten Arbeitsvertrag zu erhalten, doch immer häufiger werden Arbeitsverhältnisse befristet abgeschlossen. Zum Abschluss des Gesprächs haben Sie meist noch Gelegenheit, Fragen an Ihren künftigen Arbeitgeber zu stellen. Erkundigen Sie sich nach den unternehmerischen Zielen, dem Produktionsspektrum, der Aufgabenverteilung bzw. dem Organigramm und dem Führungsstil.
Bei der Verabschiedung sollten Sie sich nochmals von der Sonnenseite zeigen: Lächeln Sie, jetzt ist alles überstanden.

14 Vorsicht, Interviewkiller!

Wahrscheinlich werden Sie dieses Kapitel für überflüssig halten. Sicher sind Sie der Meinung, dass die gängigen Höflichkeitsformen vor allem im Vorstellungsgespräch eingehalten werden sollten. Wenn dies allerdings in der Realität von der Interviewerseite her nicht der Fall ist, dann sollten Sie dies Ihrem Gesprächspartner nicht mit gleicher Münze heimzahlen. Versuchen Sie, weiterhin höflich zu bleiben und sich korrekt zu verhalten.

Ich möchte hier ein paar Beispiele aufführen, die zum Teil aus Absicht, zum Teil aus Nachlässigkeit zu einer Absage führen können. Sie sollten diese Negativbeispiele *auf keinen Fall* nachahmen.

Aus Fehlern kann man lernen. Schauen Sie sich die folgenden Fehler an und versuchen Sie, eine vernünftige alternative Antwort zu entwickeln. Da es keine allgemein gültige „richtige" Antwort gibt, versuchen Sie, diese Fragen einfach mit dem „gesunden Menschenverstand" zu beantworten. So kann es im Grunde keine passende Antwort auf die Frage nach dem Cognacgeruch geben, denn eines wird Ihnen klar sein: Alkohol gehört niemals an den Arbeitsplatz! Eine passende Antwort kann also nur so aussehen, dass Sie vor dem Vorstellungsgespräch keinen Alkohol getrunken haben und auch keinen Alkohol von Ihrem potenziellen Arbeitgeber annehmen. Das Gleiche gilt für Zigarren oder ähnliche „offensive" Genussmittel.

Alkohol gehört nicht an den Arbeitsplatz

Übung: Interviewkiller – entwickeln Sie passendere Antworten

F: „Sie sind zu spät zum Interview gekommen. Gab es irgendwelche Schwierigkeiten?"

A: „Nein, aber der Betrieb ist so groß, dass mir kein Mensch sagen konnte, wo ich Sie finde."

A: ______________________________

F: „Wir haben Ihnen eine Wegskizze zugeschickt. Hat Ihnen die geholfen?"

A: „Ehrlich gesagt, nein. Die Skizze war total unleserlich und in diesem Kaff findet man ja sowieso nichts."

A: ______________________________

F: „Riecht es hier nicht nach Cognac?"

A: „Gegen ein Gläschen werden Sie ja nichts einwenden – oder?"

A: ______________________________

F: „Trinken Sie ein Gläschen Likör mit?"

A: „Ja gerne, was haben Sie denn für einen?"

A: ______________________________

F: „Das ist Ihr zukünftiger Abteilungsleiter. Ich bin überzeugt, dass Sie sich glänzend verstehen werden."

A: „So wie der aussieht, kann ich mir das nicht vorstellen. Er ist mir schon jetzt vollkommen unsympathisch."

A: ______________________________

F: „Sie sind mir ja wohl eine, so ein hübsches Büromäuschen habe ich mir schon immer gewünscht."

A: „Wenn Sie damit andeuten wollen, dass ich zu scharf rausgeputzt bin, dann sind Sie falsch gewickelt, mein Lieber. Sie sollten bei mir lieber nicht auf solche Gedanken kommen."

A: ______________________________

F: „Fühlen Sie sich hier ruhig ungezwungen und wie zu Hause."
A: „Ah, das ist gut, dann gönne ich mir erst einmal eine gemütliche Zigarre. Rauchen Sie mit?"
A: ____________________

F: „Also, was soll das? Bevor Sie mir freundschaftlich auf die Schulter klopfen, sollten wir uns erst näher kennen lernen."
A: „Na, was regen Sie sich gleich so auf. Schließlich steht in Ihrer Stellenannonce, dass Sie partnerschaftliches Verhalten ausgesprochen begrüßen."
A: ____________________

F: „Bevor wir mit dem Gespräch beginnen, möchte ich Sie fragen, ob Sie eine wichtige Frage im Voraus haben?"
A: „Ja, mich würde vor allem die Höhe des zukünftigen Gehalts interessieren. Dann sollten wir die Urlaubsregelungen abklären und außerdem die Fragen nach dem Tariflohn, dem Fixum, dem Überstundenaufschlag etc. besprechen."
A: ____________________

F: „Wir in unserem Betrieb sind froh, dass wir im Branchendurchschnitt liegen und kaum Verluste hinnehmen mussten."
A: „Also, ich kann Ihnen frank und frei sagen, dass Ihre Führungsmannschaft aus unfähigen Leuten bestehen muss, wenn Sie in dieser Zeit nur den Branchenschnitt erreicht haben. Mein jetziger Betrieb hat um 30 Prozent jährlich zugelegt und wir sind noch lange nicht am Ende. Wir starten jetzt bereits die nächste Verkaufsoffensive. Ich glaube, hier ist so ziemlich alles falsch gelaufen."
A: ____________________

F: „Wenn wir den derzeitigen Zustand der Produktion betrachten, können wir sagen, dass wir auf dem Stand der Technik sind."

A: „Ich glaube nicht, dass Sie das mit gutem Gewissen sagen können. Ich würde vor allem die Fertigungsstraße ändern. Da müssen Trumpf-Werkzeugmaschinen her. Die arbeiten zehnmal schneller und präziser. Der Meister scheint mir auch nicht gerade kompetent. Den würde ich sofort entlassen."

A: ______________________________

F: „Wir haben noch eine Betriebsbesichtigung vorgesehen ..."

A: „Nein danke, solche Anlagen habe ich schon oft genug gesehen. Das interessiert mich nun wirklich nicht mehr."

A: ______________________________

F: „Wir wollen hier das Gespräch mit der notwendigen Offenheit führen. Wann können Sie bei uns anfangen? Haben Sie irgendwelche wichtigen Termine?"

A: „Also vor dem Urlaub kann ich auf keinen Fall anfangen. Der ist bereits vom 1.7. bis 30.7. fest eingeplant. Ich könnte mir da allerdings noch eine Verlängerung von zwei Wochen vorstellen. Dann wäre ich Mitte August hier."

A: ______________________________

F: „Wir haben hier einen kleinen Test für Sie vorbereitet. Wenn Sie den kurz ausfüllen könnten?"

A: „Sie wissen wahrscheinlich nicht, dass ich ein absoluter Testgegner bin. Ich fülle gar nichts aus."

A: ______________________________

F: „Von wem dürfen wir Referenzen über Sie einholen?"

A: „Eigentlich von gar niemandem. Meine Bewerbungsunterlagen sind aussagefähig und sprechen für sich. Das muss Ihnen genügen."

A: ______________________________

F: „Warum möchten Sie Ihre bisherige Arbeitsstelle wechseln?"
A: „Wissen Sie, mein Chef und ich, wir hatten einen furchtbaren Krach und da hat er mir gesagt, ich solle mir schnellstmöglich eine andere Stelle suchen."
A: ______________________________

F: „Wie kommen Sie im Allgemeinen mit Ihren Mitarbeitern aus?"
A: „Wunderbar, abends gehen wir immer gemeinsam in die Kneipe."
A: ______________________________

F: „Welches würden Sie sagen, ist Ihr größter Fehler?"
A: „Ich komme mit Leuten nicht gut aus."
A: ______________________________

F: „Welches würden Sie sagen, ist Ihre größte Stärke?"
A: „Ich bin einfach in allem gut. Besonders wenn es darum geht, Leute in Verhandlungen über den Tisch zu ziehen."
A: ______________________________

Sind diese Beispiele wirklich übertrieben? Keineswegs, fragen Sie einmal einen erfahrenen Personalchef. Er kann Ihnen mit Sicherheit noch manch andere Geschichte erzahlen. Falls Sie selber auch noch derartige Geschichten erlebt haben – hier können Sie sie zum Nutzen anderer Leser verwerten. Schreiben Sie an meine Kontaktadresse, die Sie auf Seite 179 finden.

Eine optimale Antwort auf Fangfragen gibt es nicht

Falls Sie Schwierigkeiten bei der Beantwortung der Fragen haben, denken Sie daran, dass die angegebenen Antwortmöglichkeiten sicherlich falsch sind. Vertrauen Sie auf Ihren gesunden Menschenverstand, dann können Sie fast nichts mehr falsch machen. Denken Sie aber bitte daran: Eine optimale Antwort auf Fangfragen gibt es nicht. Wichtig ist, dass Sie möglichst souverän und ehrlich antworten und dass Sie nicht blindlings in eine aufgestellte Falle tappen.

Trainingsblock Kapitel 14

Bitte beantworten Sie die folgenden Fragen. Die Auflösung finden Sie im Anhang.

1. Wenn Ihr Gesprächspartner unhöflich ist, müssen Sie sich das gefallen lassen?
2. Dürfen Sie sich vor dem Gespräch mit einem Gläschen Sekt Mut antrinken?
3. Für Sie ist ein Gespräch Zeitverschwendung, wenn Sie im Nachhinein herausfinden, dass die Bezahlung nicht stimmt. Dürfen Sie bei Gesprächsbeginn gleich nach dem Gehalt fragen?
4. Sie haben einen konstruktiven Vorschlag, wie das Vorzimmer besser gestaltet werden könnte. Sollen Sie das beim Vorstellungsgespräch anbringen?
5. Dürfen Sie Zigaretten und einen Likör annehmen, wenn der Personalchef Ihnen dies anbietet?

Zusammenfassung

Halten Sie in einem Vorstellungsgespräch die üblichen Höflichkeitsformen ein. Wenn dies von Interviewerseite her nicht der Fall ist, versuchen Sie dennoch weiterhin, höflich zu bleiben und sich korrekt zu verhalten. Trinken Sie vor dem Gespräch keinen Alkohol und nehmen Sie auch keinen von Ihrem potenziellen Arbeitgeber an. Das Gleiche gilt für Zigarren und andere „offensive" Genussmittel. Fragen Sie nicht sofort nach Gehalt und Urlaub. Eine optimale Antwort auf Fangfragen während des Interviews gibt es nicht. Bleiben Sie möglichst ehrlich und souverän, aber auch hellhörig, damit Sie nicht blindlings in eine Falle tappen. Vertrauen Sie auf Ihre Intuition.

Anhang

Lösungen

Trainingsblock Kapitel 1

1. Eine komplette Bewerbungsmappe besteht aus Anschreiben, Lebenslauf mit Lichtbild, Zeugnissen.
2. *Anzugeben sind:* ein plausibler Grund für die Bewerbung für gerade diese Position; die Gründe, warum man eventuell nicht exakt dem Anforderungsprofil entspricht; frühestmöglicher Eintrittstermin. *Zu vermeiden sind:* allgemeine Standardaussagen, übertriebene Fachausdrücke sowie Floskeln. Die Gehaltsvorstellung sollte nur auf ausdrücklichen Wunsch des potenziellen Arbeitgebers genannt werden.
3. Wenn Sie sich über die Firma informiert haben, dann signalisiert dies dem Arbeitgeber Ihr Interesse an der Firma und an Ihrem neuen Job. Außerdem geht der Arbeitgeber dann davon aus, dass Sie bereits für sich selbst geprüft haben, ob Sie bei ihm arbeiten wollen. Ihr Interesse zeigt, dass Sie die Entwicklungen in der Branche gut abschätzen können bzw. die Branche gut kennen, was ja auch die Sicherheit des Arbeitsplatzes berührt. Informationen erhalten Sie über Geschäftsberichte, Bilanzen, Veröffentlichungen von Verbänden, bei der örtlichen Industrie- und Handelskammer sowie im Wirtschaftsteil der Tageszeitungen. Außerdem über das Internet und im „Hoppenstedt", dem Nachschlagewerk über die größten deutschen Unternehmen. Lassen Sie sich ggf. auch Firmenprospekte zuschicken. Das macht einen positiven Eindruck.

4. Will ich in der Firma arbeiten, kann ich mich mit dem Produkt und den Firmenzielen identifizieren? Passe ich in diese Firma, welche Stelle habe ich in der Hierarchie, kann ich mit den Kollegen auskommen und stimmen die Konditionen?
5. Benennen Sie Ihre Kenntnisse z.B.: Fremdsprachen, Weiterbildungskurse, Veröffentlichungen, Auslandsaufenthalte und auch Ehrenämter und Engagement im politischem oder sozialen Bereich, sofern diese für das künftige Arbeitsgebiet von Bedeutung sind. Auch Führerschein und Ähnliches kann wichtig sein, sofern dies in der Ausschreibung besonders erwähnt wurde.
6. Zeugniskopien sollten in chronologischer Reihenfolge die Ausbildung und den gesamten beruflichen Werdegang dokumentieren: Abiturzeugnis, Vordiplomzeugnis, Diplomzeugnis und Urkunde, Staatsexamen, Praktikantenzeugnisse, Lehrbescheinigungen und -zeugnisse, Facharbeiter- oder Gesellenbrief sowie sonstige Arbeitszeugnisse; bei Ärzten auch Approbation, bei Volljuristen die Stationszeugnisse.
7. In diesem Fall genügt ein vorläufiger Notenspiegel.
8. Idealerweise ist der Brief nicht länger als eine DIN-A4-Seite, mehr als eineinhalb Seiten sollte er jedoch keinesfalls umfassen.
9. Wenn Sie in ungekündigter Position sind und den derzeitigen Arbeitgeber nicht nennen wollen, dann sollten Sie eine allgemeine Tätigkeitsbeschreibung mitschicken.
10. In chronologischer Reihenfolge sollten alle Schulen aufgeführt werden – Name und Ort der Schule sowie die jeweiligen Jahreszahlen und der jeweilige Abschluss. Fach- und Hochschulen müssen detailliert angegeben werden, wobei Studienschwerpunkte, Ort, Zeitpunkt, Studiendauer und Gesamtnote der Abschlussprüfung zu erwähnen sind. Das gilt auch für ein Studium im Ausland sowie für die Promotion.

Trainingsblock Kapitel 2

1. Ausschlaggebend sind Kontakte mit 50 Prozent, Auftreten mit 40 Prozent und Leistung mit nur 10 Prozent.
2. Das Wort lautet: „eigentlich“. Dieses kleine Wort schmälert jede Leistung.
3. Machen Sie sich Ihr Verhalten richtig bewusst, setzen Sie dann mit Rollenspielen an den Schwachpunkten an. Machen Sie eine Liste über Ihre Fähigkeiten, die Sie immer wieder anschauen. Besuchen Sie Seminare oder Kurse bei der Volkshochschule. Üben Sie vor dem Spiegel.
4. Übermächtige Selbstkritik, mangelndes Selbstbewusstsein, unklare Aussagen, zu wenig Eigenlob. Sie können für die Steigerung Ihres Selbstbewusstseins Folgendes tun: Schreiben Sie zehn positive Aussagen über sich selbst auf, hängen Sie diese Liste an den Spiegel, damit Sie sie oft vor Augen haben. Bevor Sie in ein Gespräch gehen, sollten Sie sich Ihre Pluspunkte bewusst machen.
5. Sie motivieren sich selbst am besten durch konstruktive Gedanken, durch klare Zielvorgaben und den Willen, dieses Ziel auch zu erreichen. Denken Sie nicht an das Wenn und Aber, sondern gehen Sie mit einer positiven Einstellung an die Bewerbung. Sagen Sie sich: „Ich bekomme den Job! Ich bin die ideale Besetzung für diese Position. Ich bin wichtig.“
6. Frauen scheitern häufiger, weil sie sich nicht gut verkaufen können, weil sie zu bescheiden sind, sich nicht in den Vordergrund drängen wollen und deshalb im Abseits landen. Aber: Selbstbewusstsein und Selbstsicherheit kann man lernen. Üben Sie mit Suggestionskassetten, üben Sie in alltäglichen Situationen, auf Menschen zuzugehen. Stellen Sie anderen gegenüber Ihre Fähigkeiten dar.
7. Mit Ruhe, Gelassenheit, Stärke und Sicherheit.
8. Sicherheit kommt immer von innen. Deshalb: Machen Sie sich die eigenen Fähigkeiten bewusst. Dann verändert sich automatisch die Körperhaltung, sie wird gerade. Die Bewegungen

werden dynamischer, die Stimme wird klarer und fester und die Sprache deutlicher. All das sind Signale, die jeder – auch ohne Worte – versteht.

9. Die frühkindliche Prägung: „Sei bescheiden, gib nach, Eigenlob stinkt“ etc.
10. Lernen Sie, ein positives Selbstbild zu schaffen, klare Zielvorstellungen deutlich zu vermitteln. Lernen Sie Sicherheit im Auftreten, von sich selbst überzeugt zu sein und die eigenen Fähigkeiten ohne falsche Bescheidenheit zu nennen. Ihr Motto muss lauten: „Ich bin wichtig und ich habe etwas zu sagen. Eigenlob ist unerlässlich für die Karriere!“

Trainingsblock Kapitel 3

1. Mit Ehrlichkeit kommt man meistens am weitesten: Geben Sie offen zu, dass Sie etwas nervös sind. Damit setzen Sie sich nicht selbst noch mehr unter Druck.
2. Personalchefs kennen die Sprüche und haken sofort nach. Den besten Eindruck machen Sie, wenn Sie bei den Fakten bleiben.
3. Indem Sie zeigen, dass Sie sich mit allen Fragen befasst haben. Indem Sie gut vorbereitet in das Gespräch gehen, sich fundierte Fragen notiert haben und sicher auftreten.
4. Die Aufwärmphase – die Fragen nach den Lebensumständen und dem beruflichen Werdegang –, dann folgen gezielte Fragen nach den Vorstellungen über die beruflichen Ziele; an letzter Stelle steht das Angebot an den Bewerber, selbst Fragen zu stellen.
5. Das ist von Branche zu Branche unterschiedlich. Generell ist die sprachliche Ausdrucksfähigkeit, das Verhalten sowie das äußere Erscheinungsbild überall wichtig. Bei Positionen mit Kundenkontakt spielen die Kleidung und das Auftreten aber eine größere Rolle als bei reinen Bürotätigkeiten. In der Werbung ist etwas flippigere Kleidung in Ordnung, bei einer Bank sollten Sie eher konservativ gekleidet sein.

6. Sie sollten Ihr Selbstbewusstsein stärken, indem Sie sich Ihre Fähigkeiten und Stärken immer wieder vor Augen halten. Beobachten Sie, wie Sie sich geben, wenn Sie unsicher sind: Welche Verlegenheitsgesten machen Sie, welche Worte wählen Sie, wie ist Ihre Stimme, wohin richten Sie Ihren Blick? Arbeiten Sie an diesen Punkten – im Rollenspiel und vor dem Spiegel. Außerdem haben Sie sich gut geschlagen, denn Sie sind bereits in die engere Wahl gelangt. – Ein Argument, das Sicherheit verleihen kann.
7. Machen Sie sich Ihr Selbst bewusst. Notieren Sie Ihre Vorzüge, sehen Sie alle positiven Eigenschaften, erinnern Sie sich an all Ihre Erfolgserlebnisse. Akzeptieren Sie sich selbst. Die positive Einstellung, die Sie haben, strahlt auf Ihr Umfeld – auch auf Ihren Gesprächspartner beim Vorstellungsgespräch – aus.
8. Beobachten Sie Ihre Mitmenschen – die Gestik, die Mimik, die Haltung, die Augen, die Hände und den ganzen Körper. Was drücken die Worte aus und wie spricht der Körper? Achten Sie auf Ihr eigenes Verhalten, wenn Sie einer Sache negativ gegenüberstehen, aber verbal zustimmen. Was tun Sie mit Ihren Händen, wie sitzen Sie, wohin blicken Sie ...?
9. An allen Gesten, die offen sind, z.B. ausgestreckte Arme, offene Hände, an einem offenen Blick, an einem Lächeln.
10. Verlassen Sie sich auf Ihr Gefühl: Ihr Gegenüber will Macht demonstrieren, will Sie einschüchtern. Ihre Chancen sind nicht groß.

Trainingsblock Kapitel 4

1. So sollen die Reaktionsfähigkeit, die persönliche Belastbarkeit sowie – je nach Taktik – die soziale Kompetenz getestet werden.
2. Eine allgemein gültige Antwort gibt es hierzu nicht. Vielmehr hängt es von der Sicherheit des Bewerbers ab. Manchmal ist es gut, Kontra zu geben, manchmal ist es gut zuzugeben, dass Sie

sich unter Stress gesetzt fühlen. Ich empfehle, zuerst einmal zu prüfen, ob beispielsweise ein überraschend angesetzter schriftlicher Test für Sie zumutbar ist. Wenn Sie der Meinung sind, eine Prüfungsaufgabe ist für Sie oder die angestrebte Position eine Zumutung, dann schadet es oft nicht, diese abzulehnen.

3. Wenn Sie können, essen Sie extrem langsam und beobachten Sie möglichst unauffällig, wie die anderen Gäste das Besteck oder die Finger einsetzen. Ansonsten hilft nur die Flucht nach vorn: Geben Sie zu, dass Sie Derartiges noch nie gegessen haben. Bitten Sie um eine Erklärung, wie Sie z.B. am besten einen Hummer aufbrechen.
4. Aufwärmphase – Darstellung des Unternehmens, der Position, der Abteilung – Selbstdarstellung des Bewerbers – Detailfragen zu wichtigen Themen – Fragen oder Rückfragen des Bewerbers – Gesprächsabschluss.
5. Um eine bestimmte, meist erwünschte Antwort von dem Bewerber zu erhalten.
6. Die Interviewer sehen in bestimmten Verhaltensweisen, die der Bewerber in der Vergangenheit zeigte, die Basis für künftiges Verhalten.
7. Es gibt offene Fragestellung mit viel Freiraum für die Antwort; indirekte Fragen, um die private Meinung zu erfahren; die geschlossene Fragestellung mit Ja-und-Nein-Antworten; direkte Fragen, die den Sinn und Zweck der Fragestellung offensichtlich machen, sowie Suggestivfragen.
8. Ausbildung, bisherige berufliche Tätigkeit, berufliche Stärken und Fähigkeiten, berufliche Wünsche und Ziele.
9. Fragen nach dem Gehalt und sozialen Leistungen, Aufstiegsmöglichkeiten, Befugnisse, hierarchische Eingliederung in die Firma/Abteilung.
10. Bitten um Betriebsbesichtigung, Gespräch mit Kollegen, Besichtigung des Arbeitsplatzes, Wunsch nach Prospektmaterial der Firma – alles, was Interesse signalisiert.

Trainingsblock Kapitel 5

1. Beim Vorstellungsgespräch haben Sie den ersten persönlichen Kontakt zum künftigen Arbeitgeber. Von der Kleidung lässt sich viel auf den Charakter und auch die Arbeitsweise schließen (z. B. Sauberkeit). Die Kleidung ist Ihre „äußere“ Visitenkarte.
2. Sauber, modisch, aber nicht zu ausgefallen – immer auf Position und Branche zugeschnitten. Zu konservative Kleidung macht in der Werbung keinen guten Eindruck. Hier können unter Umständen Turnschuhe „in“ sein, während Sie in einer Anwaltskanzlei mit Turnschuhen total „out“ sind.
3. Pünktlichkeit ist die Höflichkeit der Könige. Wer andere warten lässt, schätzt ihre Zeit (und damit ihren Wert) nicht hoch ein. Deshalb ist Pünktlichkeit ein absolutes Muss. Sollten Sie sich unverschuldet doch verspäten, z.B. weil die Bahnstrecke stundenlang blockiert ist, rufen Sie unbedingt so früh wie möglich an, schildern Sie die Situation und erwähnen Sie dabei auch, dass Sie – um eine Verspätung zu vermeiden – bereits eine Sicherheitszeit eingeplant hatten und unter normalen Umständen mehr als pünktlich da gewesen wären.
4. Es wird ein Bewerber gesucht, der großes Interesse gerade an dieser Firma hat. Desinteresse und Langeweile sind nicht gefragt – und die kommen zum Ausdruck, wenn Sie eine Betriebsbesichtigung ablehnen.
5. Sie können erkennen, ob das Betriebsklima in Ordnung ist, wie die Kollegen miteinander umgehen, ob das Essen in der Kantine gut ist, ob viele Überstunden anfallen etc. Sie erhalten einen etwas persönlicheren Eindruck über die Firma.
6. Meist werden in dem Einladungsschreiben noch fehlende Papiere aufgeführt. Sicherheitshalber sollten Sie aber folgende Unterlagen bei sich haben: Personalausweis, Einladungsschreiben, Originalzeugnisse (wenn ausdrücklich verlangt) bzw. Zeugniskopien, letzter Gehaltsauszug (vorsichtshalber), eventuell Lohnsteuerkarte, Präsentationsmappe für bestimmte Berufe.

7. Übung macht den Meister. Durch Rollenspiele und durch die bildhafte Vorstellung des Gesprächsverlaufs erwerben Sie Sicherheit, die sich auf Ihr Umfeld sich positiv auswirkt. Dadurch können Sie auch mit unerwarteten Situationen besser umgehen.
8. Es werden heute fast überall Kurse zum Bewerbungstraining angeboten, z.B. an Volkshochschulen. Sie können auch den teureren Weg über ein Personalberatungsbüro gehen.
9. Es ist ganz natürlich, dass Sie bei einem Vorstellungsgespräch aufgeregt sind. Also sollten Sie durch mentales Training, durch Rollenspiele etc. versuchen, sich intensiv auf diese Situation vorzubereiten. Dadurch können Sie bereits eine Menge Stress im Vorfeld abbauen. Gehen Sie mit dem festen Vorsatz in das Gespräch: „Ich kann es – ich bin gut – ich bin der optimale Bewerber!"
10. Machen Sie eine kurze Entspannungsübung. Atmen Sie tief und ruhig durch, werden Sie ganz locker. Gezielte Entspannung macht Sie geistig fit und aufnahmebereit.

Trainingsblock Kapitel 6

1. Halten Sie Papier und Bleistift bereit, legen Sie Ihre Bewerbungsunterlagen daneben. Am besten haben Sie Ihre Fragen auch notiert, so vergessen Sie nichts Wichtiges. Machen Sie sich bewusst, dass niemand viel Zeit hat, formulieren Sie Ihre Fragen knapp und klar, stellen Sie nur die wichtigsten Fragen am Telefon.
2. Wenn in der Stellenanzeige kein Sachbearbeiter bzw. keine Ansprechpartner genannt sind, dann fragen Sie nach dem Personalchef oder dem für diese Position zuständigen Bearbeiter.
3. Sie können folgende Punkte klären: Voraussetzungen für die Position, Arbeitsbeginn, Alter und natürlich, ob die Position noch frei ist.
4. Eine klare, nicht zu hohe Stimme, deutliche Aussprache, Selbstsicherheit, Überzeugungskraft.

5. Auf die klare Beschreibung Ihrer Qualifikationen. Erwähnen Sie auch, wenn Sie bestimmte geforderte Spezialkenntnisse oder aktuelle Kenntnisse haben oder Fähigkeiten, die Sie von den anderen Bewerbern unterscheiden.
6. Sie sollten sich nach der Grußformel vorstellen, dabei Ihren Namen klar und deutlich nennen. Bevor Sie mit Ihrem Anliegen fortfahren, sollten Sie fragen, ob Sie stören. Möglicherweise ist der Sachbearbeiter in einer Besprechung und hat gerade keine Zeit oder er muss zu einem Termin. Um zu vermeiden, dass man Ihnen nicht konzentriert zuhört, sollten Sie diese Frage immer stellen.
7. Sie werden mit Ihrem Namen angesprochen, Ihre Anfragen werden sachlich korrekt und freundlich beantwortet. Zugesagte Rückrufe erfolgen innerhalb der vereinbarten Frist.
8. Man lässt Sie lange in der Leitung hängen; der Sachbearbeiter ist nicht auffindbar, man weiß nicht Bescheid, man kann Sie nicht weiterverbinden, Rückrufe erfolgen nicht oder sehr spät.
9. Wenn Sie die schriftliche Bewerbung nachreichen, werden sofort Unstimmigkeiten entdeckt. Flunkern hilft nicht, bleiben Sie bei der Wahrheit.
10. Indem Sie sich kurz fassen und die wichtigsten Punkte klar und deutlich ansprechen, indem Sie sich nicht als Bittsteller einordnen, sondern als ein Bewerber, der der Firma etwas zu bieten hat.

Trainingsblock Kapitel 7

1. Bin ich für den potenziellen Arbeitgeber von Vorteil, bringe ich der Firma Gewinn und wie stelle ich mich bzw. meine Qualifikationen entsprechend dar?
2. Die eigenen Fähigkeiten und Stärken so darzustellen, dass der Personalchef davon überzeugt ist, den richtigen Bewerber vor sich zu haben.

3. Nicht nur die fachliche Kompetenz entscheidet. Äußerst wichtig ist, die verbale und nonverbale Kommunikation zu beherrschen, um sich richtig zu präsentieren und auch, um die Signale des Gesprächspartners richtig und rechtzeitig deuten zu können.
4. Überzeugen kann man nur, wenn man selbst überzeugt ist. Wenn Sie Zweifel an Ihrer Befähigung für diese Position haben, dann kommt das auch „rüber". Lesen Sie deshalb das Stellenangebot sehr genau, überprüfen Sie kritisch, ob Sie diesen Job auch wirklich haben möchten und ob Sie glauben, ihn gut machen zu können. Damit haben Sie eine der Voraussetzungen für einen positiven Gesprächsverlauf erfüllt.
5. Hören Sie Schauspielern bewusst zu. Verändern Sie das Sprechtempo immer wieder einmal, ebenso die Lautstärke. Sprechen Sie Satz für Satz, machen Sie den Punkt hörbar. Kurze Gesprächspausen fesseln die Aufmerksamkeit.
6. Die „Ja, aber"-Technik ermöglicht es Ihnen, in einer positiven Art und Weise Ihrem Gesprächspartner zuzustimmen und dennoch eine gegensätzliche Meinung zu äußern.
7. Indem Sie selbst die Gegenargumente nennen, um sie dann sogleich zu widerlegen. Damit stellen Sie gleichzeitig Ihre rhetorischen Fähigkeiten unter Beweis.
8. Das Aufzählen aller Argumente lässt ein Gespräch schnell in eine Sackgasse geraten, lässt das Interesse der Interviewer leicht schwinden und Sie müssen sich dann bald anhören: „Das wissen wir schon." Dosieren Sie Ihre Argumente sorgfältig.
9. Durch die Körpersprache. Ein dynamischer Gang verrät einen zielstrebigen Menschen, der sich mit Elan für seine Aufgaben einsetzt, während hängende Schultern und ein gesenkter Blick auf Lustlosigkeit und mangelnde Zielstrebigkeit hinweisen. Trainieren Sie die nonverbale Kommunikation.
10. Akzeptieren Sie die Angst als ganz normal in einer solchen Stresssituation. Erlernen Sie Entspannungstechniken, bei denen Geist, Seele und Körper entspannt werden – z.B. das autogene Training. So behalten Sie Ihre Gefühle unter Kontrolle.

Trainingsblock Kapitel 8

1. Aus Stellenbeschreibung und Leistungsanforderung.
2. Positionsbeschreibung, Arbeitsplatzbeschreibung, Kompetenzen, Konditionen.
3. Ausbildung, Erfahrung, Persönlichkeit, Alter.
4. Folgende Punkte sind wichtig: *Formanalyse:* Vollständigkeit der Unterlagen, sinnvolle und saubere Zusammenstellung, ausführliche, logisch verständliche, inhaltlich und zeitlich richtige Angaben. *Inhaltsanalyse:* seltener Schulwechsel, keine Klassenwiederholungen, Berufsausbildung in einem angemessenen Zeitrahmen, gute Ergebnisse, Darstellung der Leistungs- und Interessenschwerpunkte differenziert und fachspezifisch; kein zu häufiger Stellenwechsel – in der Regel nicht unter zwei Jahren. Ein Stellenwechsel auf Grund betrieblicher Rationalisierung bzw. aus Karrieregründen wird akzeptiert.
5. Das Interesse des Bewerbers an der Firma und seine Fähigkeit, sich mit der Firma zu identifizieren.
6. Alle Details über die Ausbildung, da sie mit über die Laufbahn und das Gehalt entscheiden.
7. Die Verknüpfung von Ausbildungsstätte im Betrieb mit der Hochschule, z.B. an der Berufsakademie. Dieses System wird vor allem in den klassischen Ausbildungsberufen eingesetzt, in denen sich die betriebliche Ausbildung mit der schulischen ergänzt.
8. Es gibt keine europaweite Anerkennung.
9. Die kurzfristige Verfügbarkeit.
10. Der richtige Mann oder die richtige Frau am richtigen Platz.

Trainingsblock Kapitel 9

1. Fleiß und Motivation.
2. Ja.
3. Die gewünschte Richtung ist von der Position abhängig. Entscheidend für Führungspositionen sind jedoch meist das Fachwissen und dann das Studium als solches.
4. Freude an der Arbeit und die Bereitschaft, sich für die Arbeit zu engagieren. Dies sollten Sie vermitteln können.
5. Neugierde. Interessieren Sie sich auch über Ihr Fachgebiet hinaus, nutzen Sie jede Chance zur Weiterbildung. Das verbessert Ihre Chancen auch langfristig.
6. Indem Sie eine Strategie – eine Überzeugungsstrategie – entwickeln und anhand eines „roten Fadens" Ihren beruflichen Werdegang überzeugend schildern. Betonen Sie die Vorteile, die gerade Ihre Ausbildung für das Unternehmen hat.
7. Ja. Nennen Sie „kleine" Schwächen, die in keinem Zusammenhang mit der Position stehen und die Sie eventuell sogar noch positiv aussehen lassen.
8. Nennen Sie präzise die einzelnen Stationen und heben Sie nur die wichtigsten Kriterien hervor.
9. Zufriedenheit in allen Lebensbereichen wird immer häufiger dem eindimensionalen Karrieredenken vorgezogen.
10. Passt der Bewerber, und will er in der Firma bleiben oder benutzt er die Firma nur als Sprungbrett?

Trainingsblock Kapitel 10

1. Es wird zwar nicht gerne zugegeben, aber die soziale Schicht ist nach wie vor von Bedeutung.
2. Das kommt natürlich immer auf die Position an. Geprüft werden nach Gruppen- und Integrationsfähigkeit (Geschwister), Fähigkeit zur Ein- und Unterordnung, Teamgeist (Ju-

gendgruppen), Freude an Geselligkeit und Gemeinschaft (Hobby, Urlaub).

3. Der Familienstand wird individuell unterschiedlich je nach Beruf beurteilt – sehr häufig ist er mit Vorurteilen belastet. Bei einem Vertreter, der immer unterwegs ist, sieht man in einem ledigen Mann einen Vorteil, weil dieser keine Familienbindung und deshalb mehr Zeit und Ruhe für die Arbeit hat. Geschiedenen mit Kindern wird leicht unterstellt, dass sie schneller finanzielle Probleme haben könnten als Verheiratete. Andererseits sind verheiratete Manager wieder ein Plus.
4. Das kommt auf die Tätigkeit an. Wer viel mit Menschen auf dem Land zu tun hatte, der kann sie besser verstehen. Für eine entsprechende Tätigkeit kann das von Vorteil sein.
5. Dass sie sich nicht unterordnen können und oft Probleme im Umgang mit anderen Menschen haben.
6. Wenn es sich um Aktivitäten handelt, die zeigen, dass Sie Teamgeist besitzen, soziales Engagement haben etc., dann sollten Sie das sagen. Besonders wichtig ist das, wenn solche Fähigkeiten für die Position vorteilhaft sind – und sei es auch nur am Rande.
7. Ob Sie sportlich, kulturell interessiert sind, ob Sie zu der Firmenphilosophie passen etc.
8. Fragen nach Familienstand oder einer geplanten Heirat sind zulässig und auch für die Firma wichtig, um Sie richtig einzuschätzen.
9. Am besten so, dass Sie ein möglichst klares Bild von Ihrer Persönlichkeit vermitteln, ohne andere herabzusetzen.
10. Betrachten Sie die Frage immer aus der Sicht der Firma – was bringt ein Mitarbeiter der Firma? Dann fällt es Ihnen leichter, wahrheitsgetreu die richtige Antwort so zu formulieren, dass sie richtig ankommt.

Trainingsblock Kapitel 11

1. Vorbild für die Mitarbeiter. Außerdem soll sie die Mitarbeiter in die Entscheidungsprozesse mit einbeziehen.
2. Der Einzelkämpfer ist immer weniger gefragt. Erwünscht ist der Mitarbeiter, der sich in ein Team integrieren kann.
3. Indem Sie bei jeder sich bietenden Möglichkeit erwähnen, wie vorteilhaft die Teamarbeit für das Unternehmen ist, welche Vorzüge ein Team bietet etc. und dass Sie gern im Team arbeiten.
4. Betonen Sie die Verantwortung, die Sie haben, die Belastung, und zeigen Sie, wie sehr Sie sich für Ihre Aufgabe einsetzen.
5. Keine Aufstiegschancen in der alten Firma, mehr Verantwortung in der angestrebten neuen Position.
6. Sofern es sich nur um ein oder zwei Monate handelt, sollten Sie eine plausible Erklärung finden (Auslandsaufenthalt o.Ä.). Bleiben Sie so nah an der Wahrheit wie möglich. Handelt es sich um einen längeren Zeitraum, werden Sie nicht umhin kommen, Farbe zu bekennen. Geben Sie eine Begründung für die Arbeitslosigkeit (Konkurs der Firma, Umzug etc.).
7. Finden Sie Erklärungen, die nachvollziehbar sind, damit Sie nicht als flatterhaft eingestuft werden.
8. Jedes Engagement für die Arbeit, jedes Interesse an Fortbildung gibt Ihnen Pluspunkte.
9. Warum nicht? Vielleicht können auch Ihre Mitbewerber nicht Spanisch?
10. Um herauszufinden, welche Interessen Sie haben, ob Sie sich auch mit Themen außerhalb Ihrer Fachgebiete befassen.

Trainingsblock Kapitel 12

1. Die Einstellung zu sich, zum Leben, zur Arbeit wird durch das Denken bestimmt. Nicht umsonst sind positiv denkende Menschen gesünder, erfolgreicher und glücklicher. Und das wirkt sich alles auf die Arbeit und das Arbeitsklima aus.

2. Mental = geistig. Die Beherrschung und Beeinflussung des Geistes durch gezielte Gedanken und Bilder.
3. Wer in seiner geistigen Vorstellung erfolgreich ist, dem wird es auch gelingen, diese Vision, dieses Bild in die Realität umzusetzen.
4. Selbstdisziplin, Selbstkontrolle, Selbstvertrauen und Selbstverwirklichung.
5. Nein. Sie kann wie körperliche Fitness erlernt und trainiert werden. Fragen Sie im Buchladen nach entsprechenden Titeln, arbeiten Sie mit Suggestionskassetten.
6. Möglichst hohe Leistungsfähigkeit und universelle Einsetzbarkeit.
7. Durchsetzungsvermögen, Zielstrebigkeit und Einflussnahme.
8. Schimpfen Sie nicht über ihn, sondern überlegen Sie sich sachliche, emotionslose Argumente.
9. Indem Sie sich eine Liste erstellen, auf der Sie konkret Ihre Erfolge, Ihre grundsätzliche Einstellung zur Arbeit, zum Delegieren von Aufträgen, zur Teamarbeit etc. aufschreiben, so dass Sie Ihre Fähigkeiten im Gespräch sofort parat haben.
10. Nein, auf keinen Fall. Behaupten Sie überzeugend, dass Sie alle Voraussetzungen optimal erfüllen. Lieber arbeiten Sie an sich, um fit zu werden, als eine gute Position durch übertriebene Ehrlichkeit aufs Spiel zu setzen. Auch die Aussage der Firma muss nicht immer hundertprozentig korrekt sein, doch das können Sie erst erkennen, wenn Sie im Job sind.

Trainingsblock Kapitel 13

1. Bei Führungskräften und außertariflichen Angestellten herrscht Vertragsfreiheit. Die anderen Arbeitsverhältnisse sind gesetzlich und tarifrechtlich bindend.
2. Aus Rechten und Pflichten für beide Vertragsparteien.
3. Recht auf Beschäftigung, Vergütungs- und Urlaubsanspruch, Kündigungsschutz, Streikrecht, Arbeitnehmerschutzrecht, Koalitionsrecht, Folgerechte nach Beendigung des Arbeitsverhältnisses.

4. Arbeits-, Treue-, Gehorsams-, Verschwiegenheitspflicht sowie Wettbewerbsbeschränkungen.
5. Sobald Sie den Vertrag erhalten haben, sollten Sie ihn sorgfältig lesen und notwendige Ergänzungen sofort mündlich anmelden. Spätestens bei Unterzeichnung sollten die mündlichen Nebenabreden auch schriftlich fixiert sein.
6. Nach Religions-, Partei- oder Gewerkschaftszugehörigkeit. Ebenso nach dem Freundeskreis, dem persönlichen Umfeld sowie nach sexuellen Präferenzen.
7. Nein. Bei Fragen, die den zulässigen gesetzlichen Rahmen überschreiten, können Sie die Unwahrheit sagen, ohne Rechtsnachteile befürchten zu müssen.
8. Wenn das neue Gehalt auf Basis des derzeitigen berechnet wird. Ansonsten unzulässig.
9. Nein, diese Fragen sind unzulässig.
10. Das kommt auf den Einzelfall an. Gut sind immer Fragen, die Interesse und auch Wissen über die Firma anzeigen, wie z.B. die unternehmerischen Ziele der Firma, Produktpalette, Mitarbeiterzahl, Umsatz, Führungsstil in der Firma. Und natürlich alle individuellen Fragen zum Job und zum Vertrag.

Trainingsblock Kapitel 14

1. Das hängt davon ab, ob Sie die Stelle unbedingt wollen. Grundsätzlich gilt für alle Gespräche: Mit Höflichkeit kommt man immer weiter.
2. Alkohol ist tabu am Arbeitsplatz – und natürlich auch beim Vorstellungsgespräch.
3. Nein. So viel Zeit sollten Sie schon in eine Stelle investieren, dass die Gehaltsfrage dann angesprochen wird, wenn vorab geklärt ist, ob Sie für die Stelle überhaupt in Frage kommen bzw. die Stelle für Sie grundsätzlich erstrebenswert ist.
4. Warten Sie besser mit Ihrem Vorschlag, bis Sie die Stelle haben.
5. Nein.

Kontaktadresse des Aurors

Dr. Horst H. Siewert
Postfach 2526
D 72715 Reutlingen
Tel./Fax.: (07121) 380 501
E-Mail: hosiewert@aol.com

Literatur

Burkhardt, M. & Strobbe, C.: *Das erfolgreiche Einstellungsinterview.* 2. Auflage, Renningen 1999

Cronbach, L. J., Gleser, G.: *Psychological tests and personel decisions.* Urbana Ill. Uni. Press 1965

Deller, J., Kleinmann, M. & von Hanh, E.: *Das situative Interview.* Personalführung 6/92, S. 474–478

Dunnette, M. D.: *Personnel selection and placement.* Belmont, CA Wadsworth 1966

Flanagan, R.: *The critical incident technique.* In: Psychological Bulletin, 51, 1954, S. 327–358

Hesse, J. & Schrader, H. C.: *Bewerbungsstrategien für Führungskräfte.*Frankfurt 1995

Hornthal, S.: *Vorstellungsgespräch.* In: Strutz, H. (Hg.): Handbuch Personalmarketing. 2. erw. Auflage, Wiesbaden 1993

Jenks, J.M. & Zevnik, B.L.P.: *So befragen Sie Bewerber richtig.* Harvard Manager, Heft 1/90, S. 31–34

Knebel, H.: *Wie bewerbe ich mich richtig?*, Landsberg a. Lech 2000

Lanner, H.: *Vorstellungsgespräche mit Erfolg*. München 1992

Moog, A./Robin D.: *Bewerben ohne Grenzen*. Landsberg a. Lech 2000

Sabel, H.: *Bewerbungsgespräche – richtig vorbereiten, erfolgreich führen*. 2. Auflage, Wiesbaden 1998

Sarges, W.: *Interviews*. In Sarges W. (Hrsg.): Management-Diagnostik. 2. vollst. überarb. u. erw. Auflage, Göttingen 1995

Smart, B. D.: *The Smart Interviewer*. Wiley, New York 1989

Siewert, H.: *Bewerben wie ein Profi*. Landsberg a. Lech 2000

Siewert, H.: *Persönlichkeitstests erkennen und bestehen*. Landsberg a. Lech 1996

Swan, W. S.: *Den richtigen Mitarbeiter finden – Das erfolgreiche Einstellungsgespräch*. 2. Auflage, Zürich 1996

Stopp, U.: *Bewerber-Auslese: Fehlentscheidungen kosten ein Vermögen*. io Management Ztschr. 57/88 Nr. 6, S. 312–314

Tack, W.: *Auswahl und Plazierung von Mitarbeitern*. Psychologie des 20. Jahrhunderts Band V, S. 478ff. Kindler, Zürich 1978

Yate, M. J.: *Das erfolgreiche Bewerbungsgespräch*. München 1994

Stichwortverzeichnis